中国古镇

王俊 编著

中国商业出版社

图书在版编目（CIP）数据

中国古镇／王俊编著.--北京：中国商业出版社，2015.10（2023.4重印）

ISBN 978-7-5044-8569-4

Ⅰ.①中… Ⅱ.①王… Ⅲ.①乡镇-介绍-中国 Ⅳ.①K928.5

中国版本图书馆 CIP 数据核字（2015）第 229220 号

责任编辑：常 松

中国商业出版社出版发行
010-63180647 www.c-cbook.com
（100053 北京广安门内报国寺 1 号）
新华书店经销
三河市吉祥印务有限公司印刷
*
710 毫米×1000 毫米 16 开 12.5 印张 200 千字
2015 年 10 月第 1 版 2023 年 4 月第 3 次印刷
定价：25.00 元
* * *
（如有印装质量问题可更换）

《中国传统民俗文化》编委会

主　编　傅璇琮　著名学者，国务院古籍整理出版规划小组原秘书长，清华大学古典文献研究中心主任，中华书局原总编辑

顾　问　蔡尚思　历史学家，中国思想史研究专家

　　　　卢燕新　南开大学文学院教授
　　　　于　娇　泰国辅仁大学教育学博士
　　　　张骁飞　郑州师范学院文学院副教授
　　　　鞠　岩　中国海洋大学新闻与传播学院副教授，中国传统文化研究中心副主任
　　　　王永波　四川省社会科学院文学研究所研究员
　　　　叶　舟　清华大学、北京大学特聘教授
　　　　于春芳　北京第二外国语学院副教授
　　　　杨玲玲　西班牙文化大学文化与教育学博士
编　委　陈鑫海　首都师范大学中文系博士
　　　　李　敏　北京语言大学古汉语古代文学博士
　　　　韩　霞　山东教育基金会理事，作家
　　　　陈　娇　山东大学哲学系讲师
　　　　吴军辉　河北大学历史系讲师

策划及副主编　王　俊

序　言

　　中国是举世闻名的文明古国,在漫长的历史发展过程中,勤劳智慧的中国人创造了丰富多彩、绚丽多姿的文化。这些经过锤炼和沉淀的古代传统文化,凝聚着华夏各族人民的性格、精神和智慧,是中华民族相互认同的标志和纽带,在人类文化的百花园中摇曳生姿,展现着自己独特的风采,对人类文化的多样性发展做出了巨大贡献。中国传统民俗文化内容广博,风格独特,深深地吸引着世界人民的眼光。

　　正因如此,我们必须按照中央的要求,加强文化建设。2006年5月,时任浙江省委书记的习近平同志就已提出:"文化通过传承为社会进步发挥基础作用,文化会促进或制约经济乃至整个社会的发展。"又说,"文化的力量最终可以转化为物质的力量,文化的软实力最终可以转化为经济的硬实力。"(《浙江文化研究工程成果文库总序》)2013年他去山东考察时,再次强调:中华民族伟大复兴,需要以中华文化发展繁荣为条件。

　　正因如此,我们应该对中华民族文化进行广阔、全面的检视。我们应该唤醒我们民族的集体记忆,复兴我们民族的伟大精神,发展和繁荣中华民族的优秀文化,为我们民族在强国之路上阔步前行创设先决条件。实现民族文化的复兴,必须传承中华文化的优秀传统。现代的中国人,特别是年轻人,对传统文化十分感兴趣,蕴含感情。但当下也有人对具体典籍、历史事实不甚了解。比如,中国是书法大国,谈起书法,有些人或许只知道些书法大家如王羲之、柳公权等的名字,知道《兰亭集序》

是千古书法珍品,仅此而已。

再如,我们都知道中国是闻名于世的瓷器大国,中国的瓷器令西方人叹为观止,中国也因此获得了"瓷器之国"(英语 china 的另一义即为瓷器)的美誉。然而关于瓷器的由来、形制的演变、纹饰的演化、烧制等瓷器文化的内涵,就知之甚少了。中国还是武术大国,然而国人的武术知识,或许更多来源于一部部精彩的武侠影视作品,对于真正的武术文化,我们也难以窥其堂奥。我国还是崇尚玉文化的国度,我们的祖先发现了这种"温润而有光泽的美石",并赋予了这种冰冷的自然物鲜活的生命力和文化性格,如"君子当温润如玉",女子应"冰清玉洁""守身如玉";"玉有五德",即"仁""义""智""勇""洁";等等。今天,熟悉这些玉文化内涵的国人也为数不多了。

也许正有鉴于此,有忧于此,近年来,已有不少有志之士开始了复兴中国传统文化的努力之路,读经热开始风靡海峡两岸,不少孩童以至成人开始重拾经典,在故纸旧书中品味古人的智慧,发现古文化历久弥新的魅力。电视讲坛里一拨又一拨对古文化的讲述,也吸引着数以万计的人,重新审视古文化的价值。现在放在读者面前的这套"中国传统民俗文化"丛书,也是这一努力的又一体现。我们现在确实应注重研究成果的学术价值和应用价值,充分发挥其认识世界、传承文化、创新理论、资政育人的重要作用。

中国的传统文化内容博大,体系庞杂,该如何下手,如何呈现?这套丛书处理得可谓系统性强,别具匠心。编者分别按物质文化、制度文化、精神文化等方面来分门别类地进行组织编写,例如,在物质文化的层面,就有纺织与印染、中国古代酒具、中国古代农具、中国古代青铜器、中国古代钱币、中国古代木雕、中国古代建筑、中国古代砖瓦、中国古代玉器、中国古代陶器、中国古代漆器、中国古代桥梁等;在精神文化的层面,就有中国古代书法、中国古代绘画、中国古代音乐、中国古代艺术、中国古代篆刻、中国古代家训、中国古代戏曲、中国古代版画等;在制度文化的层面,就有中国古代科举、中国古代官制、中国古代教育、中国古代军队、中国古代法律等。

此外,在历史的发展长河中,中国各行各业还涌现出一大批杰出人物,至今闪耀着夺目的光辉,以启迪后人,示范来者。对此,这套丛书也给予了应有的重视,中国古代名将、中国古代名相、中国古代名帝、中国古代文人、中国古代高僧等,就是这方面的体现。

生活在21世纪的我们,或许对古人的生活颇感兴趣,他们的吃穿住用如何,如何过节,如何安排婚丧嫁娶,如何交通出行,孩子如何玩耍等,这些饶有兴趣的内容,这套"中国传统民俗文化"丛书都有所涉猎。如中国古代婚姻、中国古代丧葬、中国古代节日、中国古代民俗、中国古代礼仪、中国古代饮食、中国古代交通、中国古代家具、中国古代玩具等,这些书籍介绍的都是人们颇感兴趣、平时却无从知晓的内容。

在经济生活的层面,这套丛书安排了中国古代农业、中国古代经济、中国古代贸易、中国古代水利、中国古代赋税等内容,足以勾勒出古代人经济生活的主要内容,让今人得以窥见自己祖先的经济生活情状。

在物质遗存方面,这套丛书则选择了中国古镇、中国古代楼阁、中国古代寺庙、中国古代陵墓、中国古塔、中国古代战场、中国古村落、中国古代宫殿、中国古代城墙等内容。相信读罢这些书,喜欢中国古代物质遗存的读者,已经能掌握这一领域的大多数知识了。

除了上述内容外,其实还有很多难以归类却饶有兴趣的内容,如中国古代乞丐这样的社会史内容,也许有助于我们深入了解这些古代社会底层民众的真实生活情状,走出武侠小说家加诸他们身上的虚幻的丐帮色彩,还原他们的本来面目,加深我们对历史真实性的了解。继承和发扬中华民族几千年创造的优秀文化和民族精神是我们责无旁贷的历史责任。

不难看出,单就内容所涵盖的范围广度来说,有物质遗产,有非物质遗产,还有国粹。这套丛书无疑当得起"中国传统文化的百科全书"的美誉。这套丛书还邀约大批相关的专家、教授参与并指导了稿件的编写工作。应当指出的是，这套丛书在写作过程中，既钩稽、爬梳大量古代文化文献典籍，又参照近人与今人的研究成果，将宏观把握与微观考察相结合。在论述、阐释中，既注意重点突出，又着重于论证层次清晰，从多角度、多层面对文化现象与发展加以考察。这套丛书的出版，有助于我们走进古人的世界，了解他们的生活，去回望我们来时的路。学史使人明智，历史的回眸，有助于我们汲取古人的智慧，借历史的明灯，照亮未来的路，为我们中华民族的伟大崛起添砖加瓦。

是为序。

傅璇琮

2014年2月8日

前言

　　古镇，一般指拥有百年悠久历史、供人们集中居住的建筑群。在中国，具有上千年历史的古县达800多个，古村镇5000多个，这是世界上绝无仅有的。古镇是中华民族宝贵的历史文化遗产，具有文化传承的重要意义。勤劳质朴的居民在古镇中繁衍生息，而古民居更是现今中国古代传统建筑稀有的遗存。

　　古镇，象征着一个地方，一个民族，甚至一个国家的历史与文化。它用自己独特的存在向现代人默默诉说着经年的往事，见证着时代的兴衰。古镇像一位老人，经历了历史沧桑与悲欢离合；古镇又像是一本书，祖祖辈辈生活在那里的人便是书的作者。花开花落，秋去春来，古镇是历史，是见证，更是一种精神的载体。

　　如今在中国各地，遍布着历史悠久的古镇。这些古镇中仍保存着大量的古代建筑、历史遗迹。现在再看那些古趣盎然的老街、店铺、祠堂、牌坊和民居，都带有鲜明的地方色彩，别有一番风味。

　　作为中国文化遗产的重要组成部分，《中国古镇》一书反映了不同地域、不同民族、不同经济社会发展阶段聚落形成和演变的历史过程，真实记录了传统建筑风貌、优秀建筑艺术、传统民俗民风和原始空间形态。

本书着重介绍了中国最具代表性的古镇，这些古镇至今仍有比较完整的古建民居、传统生活习俗和生活方式，代表了不同地域独特的古镇典范，向大家展示了中国古镇复杂多样的风格和独特的魅力。一座座古镇构成了中华文化的不同侧面，荟萃成一部丰富多彩的人文百科全书。

目录

第一章 中国古镇漫谈

第一节 古镇的起源与发展 ………………………… 2
古镇的起源与演变 ………………………………… 2
古镇的选址与布局 ………………………………… 4

第二节 古镇中常见的建筑类型 …………………… 5
古镇中的民居建筑 ………………………………… 6
古镇中的公共建筑 ………………………………… 8

第二章 华东古镇

第一节 浙江古镇 …………………………………… 12
原生态古镇——嘉善西塘镇 ……………………… 12
鱼米之乡，丝绸之府——桐乡乌镇 ……………… 18
院士乡里，文化之邦——湖州南浔镇 …………… 24
孙权故里，明清建筑群落——富阳龙门镇 ……… 30

第二节 江苏古镇 …………………………………… 32
东方的小威尼斯——苏州同里镇 ………………… 33
中国第一水乡——昆山周庄 ……………………… 40

水陆并行，河街相邻——昆山千灯镇 ………………………… 51
园林之镇聚宝盆——苏州木渎镇 …………………………… 55
神州水乡第一镇——苏州甪直镇 …………………………… 58
阳澄湖畔的江南古镇——常熟市沙家浜镇 ………………… 61

第三节　上海古镇 …………………………………………… 63

上海威尼斯，沪郊好莱坞——青浦朱家角镇 ……………… 64
江南第一桥乡——青浦金泽镇 ……………………………… 68

第四节　安徽古镇 …………………………………………… 70

桃花源里人家——黄山西递 ………………………………… 70
牌坊之乡——歙县棠樾 ……………………………………… 82

第五节　江西古镇 …………………………………………… 86

世界瓷都——江西景德镇 …………………………………… 86
古镇古风古韵——婺源江湾镇 ……………………………… 89

第六节　福建名镇 …………………………………………… 92

永泰的南大门——永泰县嵩口镇 …………………………… 92
玉屏山下好风光——顺昌县元坑镇 ………………………… 94

第三章　华中古镇

第一节　湖南古镇 ………………………………………… 100

凤凰山下凤凰城——湘西凤凰古城 ………………………… 100
田园风情，美丽峡谷——吉首德夯 ………………………… 104

第二节　湖北古镇 ………………………………………… 106

朝秦暮楚桥头堡——郧西县上津镇 ………………………… 106
红色古镇换新颜——潜江市熊口镇 ………………………… 107

第三节　河南古镇 ······ 110
水陆交通联运码头——开封朱仙镇 ······ 111
一脚踏三省——淅川荆紫关镇 ······ 114

第四章　华北与华南古镇

第一节　山西古镇 ······ 118
古代城镇建筑的杰出范例——晋中平遥 ······ 118
九曲黄河第一镇——临县碛口镇 ······ 122

第二节　河北古镇 ······ 126
太极故里，繁华往昔——永年县广府镇 ······ 126
两千年古镇的丰厚遗产——武安市冶陶镇 ······ 129

第三节　广西古镇 ······ 132
梦境家园小桂林——昭平黄姚镇 ······ 132
水陆交通的枢纽——桂林大圩镇 ······ 134

第四节　广东古镇 ······ 136
独具魅力的岭南传统文化——广东佛山镇 ······ 137
欧陆风情的岭南古村——开平赤坎镇 ······ 139

第五章　东北与西北古镇

第一节　辽宁古镇 ······ 144
清王朝的发祥地——新宾永陵镇 ······ 144
东北地区最早开放的商埠——海城牛庄镇 ······ 147

第二节　陕西古镇 ······ 150
世外桃源青木国——陕宁强青木川 ······ 151

古朴厚重的黄土丘陵——陕西榆林 …………………………… 152

第六章　西南古镇

第一节　四川古镇 …………………………… 156
千年军事重镇——成都双流黄龙溪 …………………………… 156
南方丝绸之路的重要驿站——雅安上里镇 …………………… 158

第二节　云南古镇 …………………………… 160
彩云中的古镇——云南丽江古城 ……………………………… 160
苍山洱海边的古镇——云南大理古城 ………………………… 165

第三节　重庆古镇 …………………………… 171
川东第一山水古镇——东溪镇 ………………………………… 171
成渝古驿道上的传奇——九龙坡区走马镇 …………………… 173
上下涞滩伴古寺——合川县涞滩镇 …………………………… 174

第四节　贵州古镇 …………………………… 177
黔中的"黄金通道"——平坝县天龙镇 ……………………… 177
地球红飘带上的明珠——习水县土城镇 ……………………… 178

参考书目 …………………………………………………… 182

第一章

中国古镇漫谈

经过几千年的文化传承和历史沉淀,留存在中华大地上的古镇各具特色,数不胜数。这些古镇具有独特的建筑风貌、丰富的历史遗迹、古朴的环境氛围,包括世代生活在古镇上的人,都构成了古镇蓬勃的生命力。古镇传统的生活方式,原汁原味的民风民俗,都是古镇风貌不可或缺的组成部分。

第一节 古镇的起源与发展

古镇的起源与演变

中国古镇由宋代开始兴起,并且随着商品经济和城市经济的发展而发展。

宋代镇的建制实际上是由唐代军镇发展演化而来。古时唐代的军镇主要以军事职能为主,因为驻军一般在居民聚居处,所以工商业得到很快的发展。由此一来,军镇的职能也随之改变。到了唐末五代,当地驻军就直接代征军镇附近的工商税收。宋初为加强财政集权,便将其收归朝廷,多数军镇便由此转化为以经济职能为主的新型之镇。宋代镇的长官为监镇,由武将或者文官担任,主要是负责地方治安和征收税课。南宋时期,文官监镇还负责处理较小的民事纠纷。由此可见,这些镇已逐渐向一个完整行政单位演化和发展。

宋代的镇除了一小部分是由军镇转化而来,其余大部分是由前代草市、墟市、港口、手工业品产地等发展而成,这与工商业的发展有着密切关系。如扼守交通要道的江陵府沙市镇(今湖北沙市);处在海港与关隘处的密州的板桥镇(今山东胶县)。还有更多的位于大城市周边,如北宋都城开封属县中就有31个镇,南宋都城临安属县也有11个镇。其他还有位处矿产品及其他手工业产地的镇,如河北邢州綦村镇(今河北沙河西北)、江西饶州的景德

古镇风光

镇、福建建州的麻沙镇（今福建建阳西麻沙）等。宋代镇及其工商业的发展不仅促进了当时整个商品经济的发展，而且为以后的社会经济发展打下了坚实的基础。这种镇与传统城市相比，由于不是封建统治的政治中心，因而工商业的发展更有空间。

到了元代，运河的通航带动了沿河两岸城镇的发展，如淮安、济宁、东昌、临清、长芦、直沽等，都较为繁华。

明代中后期，江南小工商市镇如雨后春笋般破土而出。两宋时期，中国的市镇开始兴起，但在元代社会经济遭到很大破坏，工商业经济发展停滞不前，城镇没落。明朝立国后，市镇经济的复苏经历了相当长的时间。成化时期（1465—1487年），随着江南经济的发展，在交通便利的地方，镇市逐渐兴起。其中，一小部分是宋元旧有市镇的复苏与扩张，而大多数是新产生的。到万历（1573—1620年）以后，其市镇总数不下200个，其中规模大、功能

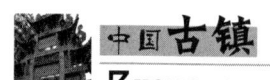

全的镇至少有160个。在江南地区，一般在每个市镇的周围，都有密集的从事小商品生产的村坊和初级集市环绕，这些市镇作为商品集散之地，又与本府州和临近府州的治所所在地的中心城市互相沟通连接，形成一个以水路舟行为基本交通脉络的网状结构。当然，这些市镇也不只是单一生产经营某一种商品，而是以一业为主，多业并举。市镇经济的繁荣，是当时商品经济繁荣的主要表现。

清代工商业市镇的发展超过以往任何时期，不同层次的工商业市镇在全国蓬勃兴起，出现了影响全国、号称"天下四镇"的广东佛山镇、湖北汉口镇、江西景德镇、河南朱仙镇。在省区范围内亦有影响全省的名镇，像山东的周村、四川的巴县、山西的运粮城等。这些镇都不是省内的政治中心，而是商业经济有影响的市镇。在一个州县内亦有影响全县的名镇，如直隶滦州境内有四大名镇：倴城镇、开平镇、榛子镇、稻地镇。这些不同层次的市镇的兴起，活跃了全国的经济。综而观之，清代的市镇有两大基本类型：手工业市镇和商业型市镇，其中又以商业型市镇为主。

清代工商业市镇以商业市镇为主的特点，一方面反映了清代的商品经济是以农村商品经济为主，与农业相分离的手工业并不发达；另一方面也反映了清代商业发展的水平，各类工商业市镇的兴起，形成了区域性商业中心，商业正向城市化发展。

古镇的选址与布局

中国古镇的选址和布局是十分讲究的。古人相信村镇与自然环境选定的成功与否，会直接关系到整个家族和子孙后代能否昌盛发达。所以在村镇建设之初，都要先请风水先生来看看风水，包括观察山脉的起伏、水流的方向、草木的生长等。

一般来说，村镇基地要选择地势宽敞平坦的地方，周围有山水环抱，最好是后有靠山、前有流水，周围有小丘护卫。江南和中南部的水乡古镇一般都建在河流的北岸，以取得良好的日照，一面临水或背山面水，建筑沿着河道伸展，临水设有码头，以联系水路交通。在东南和西南的山区，村镇往往是竖向分布的，形成层层交叠的布局。

古镇古民居屋顶俯拍

在北方地区，村镇常选择地形平整的地方，整体布局风格严整而开阔，街道宽敞、建筑雄壮，凸显出北方大气、粗犷的风格。

第二节
古镇中常见的建筑类型

古镇中的建筑大致可以分为两大类：一类是住宅民居建筑，包括各种形式的民宅；一类是公共建筑，包括祠堂、寺庙、戏台、牌坊、街道等。这两类建筑通常都具有浓厚的地方特色和乡土气息。与大城市相比，各地的古镇更多地保留了明清以来的古代建筑，那些历经百年的古街、古桥、古宅院，带给人们的是一种古朴自然而又内涵深厚的文化意蕴。

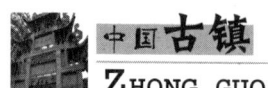

古镇中的民居建筑

民居就是人们居住的建筑，是最基本的建筑类型，分布最广，而且数量最多。各地古镇的民居不仅显现出多样化的面貌，而且保留了古代的建筑特色，甚至可以记录一个家族几代人的繁衍生息，见证整个古镇的沧桑变化。

1. 合院式民居

合院式民居是中国民居中十分常见的一种，以围合起来的院落为基本形式，四合院是其中应用最广泛的一种。

四合院，指的是东南西北四个朝向的房子围合起来而形成的内院式住宅，其布局方式十分符合中国古代社会的宗法与礼教，家族中男女、长幼、尊卑地

四合院

位有别，房间分配的区别也十分明显。而且其四周都是实墙，可以有效地隔绝外界干扰，且兼具防御功能，形成安全舒适的生活环境。四合院的形状、面积和单个建筑的形体只要略加调整，就可以适应中国不同地区的地域条件，所以南北各地几乎都可以见到四合院的身影。

四合院大规模出现在元代时的北京等地区，到了明清时期，四合院成为中国民居中最为理想的一种模式，得到了长足的发展。其中最具代表性的就是北京四合院、晋中四合院、皖南天井院等。

2. 窑洞民居

窑洞是中国西北黄土高原上居民的古老居住形式。黄土高原上的黄土层

非常厚，而且具有不易倒塌的特性。当地人利用高原有利的地形，凿洞而居，创造了窑洞建筑。窑洞一般有靠崖式窑洞、下沉式窑洞和独立式窑洞等形式。

在山西晋中地区的一些古镇中，保留着不少窑洞建筑。这些窑洞有的是在山崖和土坡的坡面上向内挖掘的靠崖式窑洞，还有一些富裕人家将窑洞与一般住宅相结合，后部是窑洞，前部留出空地建造平房，用院落围合，形成窑洞式的四合院。还有在平地向下挖掘一个方形大坑，再在四面坑壁上向内挖掘出窑洞的下沉式窑洞，这也可以看作一种四面房屋的四合院。

吊脚楼

3. 干栏式民居

干栏式民居在中国西南地区分布较广，尤其是在苗族、侗族、傣族等少数民族聚居的地区。干栏式建筑盛行的地区，多为山峦起伏的山区，而且气候潮湿炎热。当地人用当地生产的木材或竹子，随着地势建起两层的构架，下层一般多空敞而不做隔墙，里面用来饲养牲畜或堆放杂物。上层住人，而且四周向外伸出廊棚，主人可以在廊上起居休息。这些廊棚的柱子并不落地，而靠楼层上挑出的横梁承托，以便于人或牲畜在下层行走，这样一来廊子犹如悬吊在半空，所以又被称为"吊脚楼"。这种建筑的优点是人住在楼上可以通风防湿，又可防止山间野兽的侵袭。

延安南泥湾窑洞

4. 土楼民居

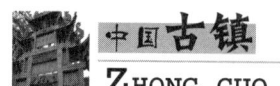

在福建省南部的永定、龙岩、漳州一带的乡村古镇，普遍存在一种土楼民居。每一栋土楼的体积都很大，用夯土墙作为承重结构，平面形式有方形、圆形、五角形、八卦形、半月形等，以方楼和圆楼为主。土楼一般高三四层，其中房间多达数十间，可以容纳几十户人家、数百人生活。

福建土楼

古时福建地区战乱频繁，盗匪横行，于是人们建起高大坚固如堡垒般的土楼，一个家族的男女老幼都聚居在一起。土楼墙体厚重坚固，有的土楼甚至在三四层上开设枪眼，以抵御外敌。楼内还有谷仓、水井、牲畜棚圈等设施，如遇外敌围困可坚持数月之久。

古镇中的公共建筑

古镇中的公共建筑种类十分丰富，常见的包括祠堂、寺庙、戏台、牌坊等等。

1. 祠堂

祠堂是一个家族祭祀祖先的地方。明代以前，只有帝王诸侯才能自设宗庙祭祀祖先，平民只能在家中祭祖。明代嘉靖年间，朝廷首次"许民间皆立宗立庙"。到了清代，民间祠堂大量出现，几乎各村各镇都有祠堂，其中还有宗祠、支祠和家祠之分。祠堂的功能除了祭祖之外，还是族长行使族权的地方，同时也可以作为家族的社交场所。一些地方的宗祠还附设学校，族人子弟就在这里上学。祠堂建筑一般都比民宅规模大，越有权势的家族，祠堂往往越讲究，高大的厅堂、精致的雕饰，成为这个家族光宗耀祖的一种象征。

2. 寺庙

中国古镇中还保留着大量的民间寺庙，除了宗教性质的佛教寺庵、道教宫观、清真寺之外，还有许多供奉传统和地方诸神仙的庙宇，如关帝庙、土地庙、文昌阁、魁星阁、真武阁等。对于中国人来说，无论是传说中的文臣武将还是管天管地的各路神明，无论是外来的菩萨还是本土的道主，只要能带来平安、圆满与护佑，就都可以纳入信仰和崇拜的范围，享受香火。

3. 戏台

戏台常设于一村一镇最为繁华的地段，用于逢年过节戏班演戏或举行其他典礼仪式。这种戏台建筑一般独立高耸，一面或三面开敞，屋角向四面挑起，有飞扬般的轻盈感、戏台多雕梁画栋，风格华丽热闹。

知识链接

中国古戏台：60年消失近九成

古戏台，系指清末民初前修建的以戏曲表演为主要功能的有顶盖建筑。作为传统戏曲的载体，戏台联系着我国古代多种多样的宗教习俗和戏曲民俗，负载传统戏曲的艺术形态和观演关系，乃至民族情感和民族精神。中国传媒大学戏曲戏剧学教授周华斌认为，我国遍布城乡数以万计的古戏台见证了我国戏曲的形成，促进了戏曲的发展和繁盛，是非常宝贵的"固态的戏剧文化"，同时还体现着我国古代建筑艺术的绚丽和辉煌。

然而，由于各种自然灾害和人为的原因，这些珍贵的文化遗产在过去的半个多世纪里，遭到了严重的损毁。"中国古戏台研究与保护"课题组负责人吴开英和山西师范大学戏曲文物研究所教授车文明、山西长治学院上党文化研究所所长卫崇文博士等课题组成员对古戏台展开过拉网式的田野调查。调查显示，相较于20世纪50年代的10万多座，目前古戏台只剩下了1万余座。

古戏台的保护，已经到了刻不容缓的地步。

4. 牌坊

牌坊又称"牌楼"，是一种中国传统的门洞式纪念性建筑物，盛行于明清时期，在民间被广泛地用于旌表功德、标榜荣耀。在古村镇中，牌坊一般安放在村口或镇中央，用来旌表和纪念某人某事，也可仅仅用来当作一种装饰。各地牌坊不仅建筑结构自成一格，而且通常集雕刻、绘画、匾联文辞和书法等多种艺术于一体，集中体现了古人的生活理念、道德观和民风民俗，具有很高的审美价值和深刻的历史文化内涵。

牌坊

第二章

华东古镇

华东地区大部分地处江南,该地区的水乡古镇大多兴起于明清时期,古镇的建筑风格以朴素恬淡为主,既强调空间的开敞明晰,又要求充实的文化氛围。建筑一般依水势布局,色调以黑白的强烈对比为特色,如道路、桥梁、书院、牌坊、祠堂、风水楼阁等,力图使环境达到完善优美的境界。水乡古镇虽然一般规模较小,但别具一番淳朴敦厚的乡土气息。

第一节 浙江古镇

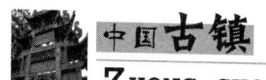

浙江省气候温和湿润，自然风光秀美宜人。浙江古镇依山傍水，有着得天独厚的自然条件。古镇民居多建在山坡河畔，既适应了复杂的自然地形，节约了耕地，又创造了良好的居住环境。根据气候特点和生产、生活的需要，建筑普遍采用合院、敞厅、天井、通廊等形式，使内外空间既有联系又有分隔，构成开敞通透的布局，给人一种朴素自然的感觉。

原生态古镇——嘉善西塘镇

西塘位于浙江省嘉兴市嘉善县境内的江浙沪三省交界处，古名"斜塘""平川"。相传在春秋时期，吴国大夫伍子胥大兴水利，开凿了伍子塘，伍子塘之水直抵于此，故西塘亦称"胥塘"。西塘地势平坦，河流密布，自然环境十分幽静，镇里以"侨多、弄多、廊棚多"而著称，许多老街巷还保留着原有的风貌，十分淳朴。在这个千年古镇中，世世代代保留着原汁原味的江南水乡风情和浓浓的生活气息。

1. 西塘印象

西塘与别的古镇最大的区别就在于它保持了水乡的原生态，被人们称为"活着的千年古镇"。

知识链接

西塘镇名的由来

版本一：相传春秋时期吴国伍子胥兴水利，通盐运，开凿伍子塘，引胥山（现嘉善县西南12里）以北之水直抵境内，故西塘亦称胥塘。因西塘地势平坦，一马平川，所以又别称平川、斜塘。

版本二：西塘镇域东北有一个3400亩面积的湖荡，那是嘉善县境内最大的湖泊之一。传说北宋真宗大中祥符年间（1008—1016年），有一户姓唐的大户人家迁到荡边居住，他们看到这个湖荡风景秀丽，盛产翠鸟和红菱，这两物为吉祥之物，又恰在祥符年间，就以"祥符"两字称呼这个湖荡。这户唐姓人家，有弟兄两人，在祥符荡边乐悠悠生活。后来分了家，兄居荡东边，人称东唐；弟居荡的西边，人称西唐。后来哥哥这一房逐渐衰落，而弟弟这一房，小辈十分兴旺，就像一棵树，生出许多分枝。所以，人们把他们居住的地方，在"唐"字边上加了个"土"，叫作西塘。

西塘地势平坦，河流密布，有9条河道在镇区交汇，把镇区分划成8个板块，而众多的桥梁又把水乡连成一体。古称"九龙捧珠""八面来风"。至1998年，全镇共建桥104座。自宋以来，西塘已建有安仁桥、安境桥、五福桥、永宁桥等11座。清代又建有卧龙桥、渡禅桥、来凤桥等。这些古桥大都为单孔石柱木梁桥。桥梁工艺精湛，至今保护完整，具有观赏价值，自古被誉为"卧龙凌波，彩虹飞架"。

中国古镇

西塘

西塘古镇里有许多深宅大院，也就形成了长长的巷弄。现今镇上仍保留着122条长短不一的巷弄，其中有5条百米以上的宅弄，最有特色的一条露天弄堂名叫"石皮弄"。石皮弄是夹在两幢住宅之间的露天弄堂，始建于明末清初。这条长弄全长68米，宽处1米，在弄口最窄处仅有0.8米，由166块石板铺成，路面非常平整，下面为下水道。石皮弄左右两壁梯级状山墙有6~10米高，至今仍然保留完整。

在西塘古镇中最著名的要数那道长达1300多米、造型古朴的廊棚。所谓廊棚，就是指带屋顶的街。西塘的廊棚并不都设置在繁华地带，这里的廊棚有的临河，有的居中，有的在沿河一侧还设有一些靠背长凳，供人歇息。绝大多数的廊棚以砖木结构为主，浑然一色的墨瓦盖顶，沿河而建，连为一体，俗称"一落水"。

知识链接

西塘廊棚的传说

版本之一：年轻的寡妇胡氏，在西塘独自支撑着一家老小和一个铺子。胡家铺前的河滩边，有一个摆豆腐摊的王二。王二同情胡氏，常帮着做一些体力活。日子一久，胡氏便觉得离不开王二，但又难以启齿表达这份感情，便煞费苦心地借修缮店铺之机，请人沿河建起了棚屋，将店铺前的街路遮盖了起来。这么一来，王二既可免受风吹雨淋，两人也可同在一个屋檐下。不想胡家铺子因了这棚屋而生意一下子红火起来。镇上商家纷纷效仿，几年来，棚屋连成了一线。后人就取"为郎而盖"之意，将棚屋叫作廊街了。

版本之二：西塘有个开烟纸店的老板，一天小店打烊时，见一叫花子在店前的屋檐下避雨，就让他进屋来。叫花子执意不肯，老板就拿了一卷竹帘连在屋檐上，临时搭了个小棚让叫花子躲雨。第二天叫花子在店门板上留下一行字："廊棚一夜遮风雨，积善人家好运来。"此后烟纸店果然生意兴隆。店主为感谢叫花子的恩德，索性在店面前的屋檐下搭了个有砖有瓦有木架的廊街，且跨过小街直至河埠。

醉园是西塘镇塔湾街的一处古民居，初建于明朝时期，至今整个庭院房屋保存完好。醉园共有五进院落，是一个老宅花园，园小而别致，池石玲珑，回廊通幽。庭院里有一座仅容一人侧身而过的砖制袖珍小桥，看上去玲珑剔透，不仅具有观赏性又具有实用性。在花园门对面朝南的墙上刻着"醉经堂"三个大字，"醉园"之名由此而来。醉经堂为清乾隆年间的著名书画家王志熙修建，园内至今还留有他的墨迹。

西园系明代朱氏私邸，为江南大户人家建筑，园内有亭台楼阁、假山鱼池，是当时镇上风景幽美之处。民国 9 年春，吴江柳亚子偕同陈巢南来西塘，与镇上文友余十眉、蔡韶声、陈觉殊等在该园吟叙合影，仿北宋李公麟所画表现苏东坡、米芾、黄庭坚等人雅集的《雅集图》，将照片取名为《西园雅集第二图》。

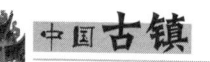

西塘种福堂

种福堂系清代王氏私邸，王氏源起宋御营司都统制王渊，王渊护驾宋高宗赵构南渡后遭明受之变，其子孙隐没于杭嘉湖一带。清顺康年间，其中一脉子孙移居西塘，兴此宅第，前后七进加一后花园，为典型的明清民居风格。其第三进为正厅，厅堂正中央悬挂有康熙年间翰林侍读学士海宁陈邦彦题名为"种福堂"的匾额，以告诫后人"平日多行善积德，日后定能使子孙得福"。

知识链接

马头墙与美人靠

一、马头墙。清代中期，徽商东进，把建筑文化也带到太湖流域，带有封火墙的建筑很快在民间流行。不同的是，当地老百姓将原来徽派建筑中平直的墙体改造成马头形,人称马头墙。古时候民间防火意识相当强,尤其是寒冬腊月,空气干燥,容易失火。安了马头墙可以削减风力,就算邻家失火,也可以避免殃及自家的房屋和财产。西塘的马头墙,有一层两层三层,甚至更多,是随房屋开间深浅的需要而增减马头墙层数,与主人的地位、财富并无关系。

二、美人靠。俗话说:"美人靠靠美人,美人不靠靠不美。"据说最早的美人靠是吴王为了讨好美女西施而建的,此靠的形状像"鹅项",西塘方言中"鹅项靠"与"吴王靠"是谐音,有人称之为"吴王靠",后来此样式在江南一带的临河建筑中广为运用,现在的美人靠也是"每人靠",每个人都能靠。

"百里不同风,百里不同俗"。每个地方都会有自己独特的习俗。西塘,一个生活着的千年古镇,这里有着原汁原味的江南水乡风情和浓浓的生活气息,原真性地保存了西塘人的生活脉络。

(1)越剧流行。越剧是中国地方戏曲艺术之一,在西塘有着众多的兴趣爱好者,他们会聚一起成立了西塘越剧协会,其中大多是中老年人,学越剧,唱越剧,演越剧,不仅陶冶情操,而且丰富了他们的业余生活。每逢节日,或者庙会、旅游节等喜庆日子时,他们都会用越剧来助兴,不仅表演越剧名剧,而且还创作富有时代气息的新越剧。

(2)七老爷庙会。每个地方都会有一个自己的保护神,在西塘百姓的心目中,七老爷就是他们敬仰的守护神。每年的农历四月初三,也就是七老爷生日的时候,当地老百姓会有隆重的庆祝仪式,会把七老爷的神像抬出庙门,从晚上11时许出发,按既定的路线走,每到一处,都会受到热烈的欢迎,一路上旌旗飘飘,锣鼓震天,鞭炮齐鸣,丝竹悠扬,浩浩荡荡,直到第二天下午，才回到庙中安歇，再开始演戏，连演三天。庙会期间，还有跑马戏、摇燥船、荡湖船、踏白船等民间文艺活动。

西塘风景秀丽，人才辈出，文化底蕴深厚。据统计，历史上这里曾出过进士19人，举人31人。明代以来，有志书记载的9人，有著作留世的103人。杨茂、张成是西塘两位元代工艺美术大师，雕漆巨匠。他们的作品出神入化，尤其是雕漆中的剔红技法达到了顶峰，代表了元代漆技作品的最高水平。周鼎与陈舜俞、吴镇并称"嘉善三高士"。他在《萍川十景诗》中描绘了西塘许多的景致，如西塘晓市、北翠春耕、南泓夜泛、环秀断虹、雁塔湾头等，揭示了古镇西塘当时的生活场景，展示了西塘一幅幅美丽的画卷。

鱼米之乡，丝绸之府——桐乡乌镇

乌镇是一个有1300年建镇史的江南古镇，地处浙北水陆交通要冲，因水成市，傍河成埠，自古商贾云集，遂以弹丸小镇而具"烟火万家"，宛然城府气象。原以市河（车溪）为界，分为乌青二镇，河西为乌镇，属湖州府乌程县；河东为青镇，属嘉兴府桐乡县。在江南水乡，有不少像乌镇这样的古镇，美丽宁静得像一颗颗珍珠。乌镇除了拥有江南小镇都具备的小桥流水人家的水乡风情和精巧雅致的民居建筑之外，更多地飘逸着一股浓郁的历史文化气息。这可能是它的历史最为悠久、文化最为发达的缘故。

乌镇位于浙江省桐乡市，地势平坦，河流纵横交织，气候温和湿润，物产丰富，素有"鱼米之乡、丝绸之府"之称，是典型的江南古镇。乌镇历史悠久，春秋时期，吴国曾在此屯兵，唐咸通十三年（872年）建镇。十字形的内河水系将全镇划分为东南西北四个区块，当地人分别称之为"东栅、南栅、西栅、北栅"。乌镇具有典型的江南水乡特征，至今仍完整地保存着晚清和民国时期水乡古镇的风貌和格局，以河成街，街桥相连，依河筑屋，水镇一体。

乌镇和许多江南水乡小镇一样，街道、民居都沿河而造。沿河的民居有一部分延伸至河面，下面用木桩或石柱打在河床中，上架横梁，搁上木板，人称"水阁"，这是乌镇所特有的风貌。这种水阁三面有窗，凭窗可观沿河风光。

乌镇古时候称为乌墩，春秋时此地为吴疆越界，到唐代咸通年间始称乌镇。乌镇历史渊源流长，根据镇东"谭家湾古文化遗址"出土的陶器、石器、骨器、兽骨等的鉴定，该处属于马家浜文化类型，处于新石器时代。可见，六千多年前，人类的祖先就繁衍、生息在这里。

知识链接

乌镇名称的来源

乌镇古名乌墩、乌戍。乌镇何以称"乌"呢？有很多种说法。一说是"越王诸子争君长海上分封于此，遂为乌余氏，故曰乌墩"；一说"因土地神乌将军而名乌"；一说"乌有乌陀古迹，青有昭明青锁"，故有乌、青之名。此数说前人都提出异议，以为或无证，或附会，或缺乏历史常识，卢学博编修《乌青镇志》时已详加批驳。同时，他提出一个较为合理的说法，这个说法是在清康熙二十七年（1688年）乡贤在《乌青文献》中提出的："乌墩、青墩之名，其从来远矣……大都江山自开辟以来，何有其名字？皆世谛流布相承耳，如'齐鲁青未了'，'澄江静如练'，是为山水传神写照语也。乌青之义盖类此。"

春秋时期，乌镇是吴越边境，吴国在此驻兵以防备越国，"乌戍"就由此而来。李乐在《乌青镇志》中说："镇，周属吴，吴戍兵备越名为戍。""乌镇古谓之乌墩，后因吴越钱镠王戍兵于此，称乌戍，今名乌镇。"但他显然将

乌镇

钱镠王之"吴越"与春秋之"吴越"弄混淆了。在正式的行政建制称谓中，自唐之后，乌镇没有再称"乌戍"的史实。且钱镠王之吴越国的北方疆界远达常熟，乌镇相对内陆，故此说显有不通。

秦时乌镇属会稽郡，以车溪（即今市河）为界，西为乌墩，属乌程县，东为青墩，属由拳县，乌镇分而治之的局面由此开始。至于青墩之"青"的来由，王雨舟在《二溪编》中指"恐与乌接壤故以青为别。"

唐时乌镇隶属苏州府。唐咸通十三年（872年）的《索靖明王庙碑》首次出现"乌镇"的称呼，此前无据，这一时期的另一块碑《光福教寺碑》中则有"乌青镇"的称呼。乌镇称"镇"的历史可能从此开始，当时，镇地置有镇遏使的官职。元丰初年（1078年），已有分乌墩镇、青墩镇的记载，后为避光宗讳，改称乌镇、青镇。1950年5月，乌、青两镇合并，称乌镇，属桐乡县，隶嘉兴，直到今天。

第二章 华东古镇

乌镇和许多江南水乡小镇一样，街道、民居皆沿溪河而造，正所谓"人家尽枕河"。乌镇与众不同的是沿河的民居有一部分延伸至河面，下面用木桩或石柱打在河床中，上架横梁，搁上木板，人称"水阁"。这是乌镇所特有的风貌，乌镇居民就这样世代伴水而生，枕水而眠。

乌镇虽历经2000多年沧桑，仍完整地保存着原有的水乡古镇的风貌和格局，梁、柱、门、窗上的木雕和石雕工艺精湛。当地的居民至今仍住在这些老房子里。全镇以河成街，桥街相连，依河筑屋，深宅大院，重脊高檐，河埠廊坊，过街骑楼，穿竹石栏，临河水阁，古色古香，水镇一体，呈现一派古朴、明洁的幽静，是江南典型的"小桥流水人家"。石板小路，古旧木屋，还有清清湖水的气息，仿佛都在提示着一种情致，一种氛围。

乌镇是个水乡古镇，镇上有修真观、昭明太子读书处、唐代古银杏、转船湾、双桥等景点，西栅老街是中国保存最完好的明清建筑群之一。乌镇又

乌镇河流中行驶的游船

21

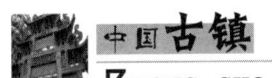

是中国现代文学巨匠茅盾故里。镇上的茅盾故居是茅盾的出生地，现为国家级重点文物保护单位。东侧的立志书院是茅盾少年读书处，现辟为茅盾纪念馆。

乌镇钟灵毓秀，文人荟萃，人才辈出。自宋至清出过64名进士，161名举人。正因为他们，乌镇才有了浓厚的文化底蕴，才有了乌镇江南水乡古镇之首的地位。乌镇最早开放的是东栅景区；西栅则是经过修葺后对外开放的。用"和谐"来形容西栅是最确切的。西栅由12座小岛组成，70多座小桥将这些小岛串连在一起，河流密度和石桥数量均为全国古镇之最。例如，通济桥和仁济桥两桥呈直角相邻，不管站在哪一座桥边，都可以看到一个桥洞里的另一座桥，故有"桥里桥"之称。"桥里桥"是乌镇最美的古桥风景，堪称桥景一绝。

江南百床馆，是中国第一家专门收藏、展出江南古床的博物馆，坐落在乌镇东大街210号，又称赵家厅，面积约1200多平方米，内收数十张明、清、近代的江南古床精品。从富商大贾到极普通的平民百姓的各式木床无不具备，从一床一室到一床多室（床内备有化妆间、卫生间、仆人间等）。既有贵胄们的奢华，也有普通百姓的俭朴，此展览是中国床文化的集大成者。

东栅的金家，曾是这里的一方富庶，今天他们的居所成就了一段江南生活的记载——节俗厅。这里展示了晚清至民国时期乌镇民间有关寿庆礼仪、婚育习俗和岁时节令等民俗。精彩的蜡像塑出了一幕幕婚丧嫁娶的话剧，处处融入了对美好生活的期盼。衣俗厅以实物、蜡像、照片等不同手段展示百余年前江南民间穿着习俗，可以从中西合璧的风格中窥视历史的缩影。节俗厅通过一年不同节气中乌镇人不同的生活习俗，比如春节拜年、元宵走桥、清明香市、立夏秤人、端午吃粽、水龙大会、天贶晒虫、中元河灯、中秋赏月、重阳登高、冬至祭祖等，生动地展示了一幅江南水乡风情长卷。婚俗厅以喜堂拜堂为中心，通过新人、媒婆、父母等人物以及花轿、嫁妆等实物展示婚庆的热闹场景。寿俗厅以老人祝寿为主题，通过厅堂的吉庆实景和字画、

修真观戏台

寿幛、寿桃、寿面等特有的做寿物品,展示了敬老尊老的中华传统。

　　江南木雕陈列馆原是东栅徐家的豪宅,又名百花厅,以其木雕精美而闻名。它雕梁画栋,尤其是门楣窗棂上的人物、飞禽、走兽,通过圆雕、平雕、透雕、镂空雕等技法表现得出神入化。如今,它的正室偏屋内更陈列了丰富的中国古代木雕精品器件。

　　修真观是位于乌镇观前街的一处道观,始建于北宋咸平元年(998年)。修真观戏台是道观的附属建筑,建于清乾隆十四年(1749年),与修真观一样屡遭毁损,但1919年修缮后,便一直保持到今天。戏台占地204平方米,北隔观前街与修真观相对,南临东市河,东依兴华桥。戏台为歇山式屋顶,飞檐翘角,庄重中透着秀逸。梁柱之间的雀替均为精致的木雕,艺术价值极高。台为两层,底层用砖石围砌,进出有边门和前门。边门通河埠,底层后部有小梯通楼台，亦可通过翻板门从河埠下到船里。楼台分前后两部分，后部是化妆室，雕花矮窗，宽敞明亮；前部是戏台，正对广场。

旧时戏台两边的台柱都有对联，这个戏台也有一副："锣鼓一场，唤醒人间春梦；宫商两音，传来天上神仙。"正中上方悬一横额"以古为鉴"。昔日，正月初五的迎财神会、三月廿八迎东岳庙会、五月十五迎瘟元帅会等，都要在戏台演神戏，招待修真观中的诸神。平时，还演出一些"罚戏"。罚戏是乌镇传统的一种解决纠纷的方法，凡有人损害公益犯了众怒的话，当事人得出钱请戏班子在神前演戏，以示忏悔。

在应家桥和南花桥之间，五开间的门面，楼上楼下，汇源当铺1.8米高的柜台，煞是气派。据《乌青镇志》记载，乌镇典当行最多时达13家，太平天国前还有7家。到了1931年，只有汇源当一家还支撑着，到了日寇入侵之前，典屋也只出不进，不久即告停业。自汇源当关门大吉后，乌镇典当行的历史便画上了句号。今天，汇源当的位置还是在当年的老地方。汇源当是徐东号第九世孙徐焕藻（茗香）于道光年间创办的。徐东号资金雄厚，又好做善事，从以下两事看，他开典当不单是为了赚钱：一是不设高柜台和木栅栏，交易时双方可以平等论价；二是每年的十二月（初一到月底）千文以下的典户不计息，而且典值也放得比较宽，就连石臼也可以入典。此举完全是为了照顾贫民，所以在乌镇徐东号无人不知。

院士乡里，文化之邦——湖州南浔镇

南浔位于浙江省湖州市东北，在江南古镇中建镇相对较晚，初建于南宋淳祐十二年（1252年），在明万历年间至清代中叶成为江南最为富有的小镇。明万历年间至清中叶，随着蚕丝业的兴起和商品经济的发展，南浔经济空前繁荣，清代末年已成为全国蚕丝贸易的中心，民间有"湖州一个城，不及南浔半个镇"之说，南浔由此一跃成为江浙雄镇，富豪达数百家。

南浔素有"湖丝之源、院士乡里、鱼米之乡、丝绸之府、文化之邦"的美誉，是"马家浜文化""良渚文化""马桥文化"的重要发祥地之一，汇聚了丝绸文化、蚕桑文化、湖笔文化、渔文化、儒商文化、园林文化、民俗文化等丰富多彩的地方文化。南浔历来名人辈出，有着"九里三阁老，十里两尚书"之称，并且是中国近代民营经济的发祥地，在近现代涌现出了以"四象八牛七十二墩狗"为代表的丝商巨贾、民国奇人张静江、报告文学家徐迟、两弹一星元勋屠守锷、共和国飞机设计之父徐舜寿等名人巨匠。

知识链接

南浔"四象八牛七十二墩狗"

所谓"四象、八牛、七十二狗"者，皆资本雄厚，或自为丝通事，或有近亲为丝通事者。财产达百万以上者称之曰"象"。五十万以上不过百万者，称之曰"牛"，其在二十万以上不达五十万者则譬之曰"狗"。所谓"象""牛""狗"，皆以其身躯之大小，象征丝商财产之巨细也。南浔"四象八牛"之说，属于民间说法，根本无正规的统计和详细记载，"七十二墩狗"仅仅是泛制指。"四象八牛"之说，反映南浔自南宋淳年（1252年）建镇，浔溪、南林设镇官；南浔，耕桑以富，行商坐贾荟萃，为江南雄镇。

"四象"包括刘镛（1825—1889年），字贯经，因排行第三，人称"刘三东家"，以丝盐起家，被誉为四象中的"刘家的银子"，为"四象"之首。张颂贤（1817—1892年），字竹斋，祖籍徽州休宁。据传他的财富仅次

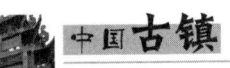

于刘家，占四象之第二位。营丝发家后，又着眼于盐务，为盐业界巨头。庞云镨（1833—1889年），字芸皋，原籍浙江绍兴。在合伙做蚕丝生意的同时，还与胡雪岩同做军火生意。顾福昌（1796—1868年），字成之，号春池，因排行第六，创业后，被称为顾六公公。经营蚕丝致富后，又经营了当时上海滩上唯一的外洋轮船码头——金利源码头，并成了怡和洋行买办和怡和打包公司经理，还大做房地产生意。南浔民谣云："刘家的银子，张家的才子，庞家的面子，顾家的房子。"

"八牛"是指以下八人：邢庚星，是南浔八牛之首，开设邢正茂丝经行，后易名为恒顺丝经行。并开设典当，为南浔开设当铺最多的一家。周昌大，名味诗，字乐耆。祖籍浙汇余姚，乾隆中迁浔，开设申泰丝号和申昌丝号，镇人都以周申泰称呼他家。邱仙槎，字其深，开设启昌丝经行。陈煦元，原名熊，字竹坪。是一位有名的丝事通，外设裕昌纪经行。金桐，字竹庭。早年弃学就商于上海，成为丝事通，营丝发家。他的大儿子金寿亦，号称"小金山"。张佩绅，开设源泰丝行，曾在上海商业银行总行任营业部主任。梅鸿吉，字月槎。开设恒裕丝经行，其子梅展中，开设南浔最早的用机器生产的丝厂。邵易森，开设森大丝经行，在上海设有邵月记丝号，出品青狮牌丝经。镇人称他为邵森大。

南浔的七十二墩狗，包括南浔的四乡。在镇上的有：邱茂泰、邱盖茂、邱义昌、邱德升、沈涂记、沈永昌、沈永丰、沈天长、李恒德、李万顺、李德茂、吴晋昌、吴其昌、吴永记、朱宠茂、朱广隆、庄恒庆、邢丰记、卜同昌、韩怡昌、桂致和、潘泳记、潘大顺、张丰泰、张恒丰、徐世兴、徐惠和、许仁昌、谢森元、刘通德、庞同顺、丁昌记等，都数是开设丝经行

第二章 华东古镇

致富的。四乡有北小圩张家、桥下张家、吴楼张家、斜桥（土斗）金家、五家亭盛家、石匠（土斗）邱家、七里村温家、子嘶湾陈家、藏谷桥王家等。

南浔古镇环境秀美，历史上园林众多，自南宋至清代镇上大小园林达27处，至今幸存的有刘氏小莲庄、嘉业堂藏书楼、陈氏颖园和张氏适园等。南浔自古以来文化昌盛，人才辈出，崇文重教，仅宋、明、清三朝统计，南浔籍进士41名、京官56名、州县官57名。近、现代在全国有影响的专家学者有80多名。南浔还有保存完整号称"江南第一古民宅"的张石铭旧宅；有民

南浔

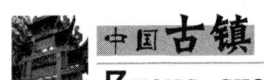

国奇人张静江故居；有湖州市首家丝商建立的公所丝业会馆；有江南至今罕见的沿河民居建筑群百间楼；有记载着动人传说的"南浔三古桥"（通津桥、洪济桥、广惠桥）。

小莲庄又称"刘园"，位于镇南的鹧鸪溪畔，是晚清光禄大夫刘镛的私家花园及家庙所在。庄园始建于光绪十一年（1885年），前后费时四十年，于1924年建成。因主人仰慕元代书画家赵孟頫所建莲花庄之名，得名"小莲庄"。小莲庄占地1.7万平方米，主要分外园和内园两部分，外园以荷池为中心，而内园的主体是太湖石堆砌的假山群。整个园林构思精妙，各处建筑分别成景，内园外园似隔非隔，错落有致，十分有趣。

嘉业堂藏书楼与小莲庄隔溪相望，有小桥通连。此楼的创始人是号称"江浙巨富"的晚清秀才文刘承干。刘承干在清末曾捐巨资助修光绪帝陵墓，宣统帝曾赐以"钦若嘉业"的匾额，他以此为荣，故以"嘉业"为藏书楼命名。

张石铭旧居

嘉业堂藏书楼掩映在一座花园之中，为一座回廊式的两层建筑，共有书库52间，中间有大天井。在藏书楼全盛时期，即1925至1932年间，楼中藏有各种珍本善本书籍近万种，堪称中国历史上规模最宏大、藏书最丰富的私人藏书楼。

颖园位于南浔古镇便民街的皇御河畔，是俗称南浔"八牛"之一的清朝富商陈熊的私家住宅花园，占地11.07亩，始建于清同治元年（1862年），于光绪六年（1875年）落成，系南浔镇文物保护单位。颖园以玲珑剔透、紧凑多姿、清幽雅致见胜。解放后，颖园几经修缮，主要建筑保存完好，著名古园林专家陈从周教授在《水乡闹得》一文中曾称誉颖园为："陈园环池筑一阁一楼，倒影清澈，极紧凑多姿，具有苏州狮子林的风韵。"每当傍晚，百鸟聚园，成为奇观。

张石铭旧居（又称懿德堂），位于南浔镇南西街，占地4792平方米，有

百间楼

五落四进和中西各式楼房 150 间，其风格奇特、结构恢宏，工艺精湛，尤其是众多精美生动的木雕、砖雕、石雕以及从法国进口的玻璃刻花等，都具有很高的艺术欣赏、民俗建筑和文物价值，号称江南第一巨宅。

百间楼位于南浔古镇的东北侧，相传是明代的礼部尚书董份为家中保姆、仆人居家而建，始建时约有百间楼房，故称"百间楼"。百间楼沿河蜿蜒而建，长约 400 米，又架长板石桥连接两岸。百间楼的山墙高低错落。沿河石砌护岸整齐，且有河埠，方便行人上岸、下船、搬运货物，又便于汲水。百间楼保持了明代建筑风格，白墙、青瓦、回廊、水埠、花墙、券门，具有浓郁的江南水乡风味。

孙权故里，明清建筑群落——富阳龙门镇

龙门镇又称龙门古镇，地处浙江省富阳市。龙门，山清水秀，胜迹众多，是历代文人墨客观光之处。相传东汉高士严子陵曾到此感叹："此地山清水秀，胜似吕梁龙门。"龙门由此得名。

龙门镇全境地域总面积 27.17 平方公里，人口 7000 余人。龙门村中 90% 以上人口姓孙。孙权后裔孙姓居富阳县孙、章、李、夏四大姓之首。《孙氏宗谱》记载：宋初，三国吴大帝孙权二十六世孙迁居龙门，孙氏家族秉承先祖业绩，在此定居已逾千年。

这里是现今江南地区明清古建筑群中保存最为完整且极为罕见的山乡古镇。龙门古镇孙氏文化及明清厅堂建筑风格已引起海内外各界人士广泛关注，中央电视台、日本 NHK 电视台曾多次来到这里采访报道。

龙门古镇保存自明至民国时期不

龙门古镇

同风格的大小祠堂、厅堂、民居、古塔等，成为一个较完整的明清古建筑群落。龙门镇历史上曾建有60余座厅堂，现尚存有30余座。古建筑群布局严密多变，是江南古代宗族聚居形态的典型反映。整个古镇由众多以厅堂为中心的居住院落组合而成，简称厅屋组合院落。一座厅堂为一房或一小家族的祠堂，以此为主体，环以住宅，筑起高墙，成为龙门孙氏总族下一房一支的居住点。《孙氏宗谱》载："孙氏千有余家，各房聚处皆有厅以供阖房之香火"。屋组合院落，在形式上有"井"和"回"字形两种。厅与厅之间，卵石铺成的狭弄长巷密如蛛网，墙檐相连，房廊纵横。龙门人夸耀说："大雨天串门，跑遍全村不在露天走半步，回到家来不湿鞋。"

整个古建筑群中，要数孝友堂、咸正堂、慎修堂、山乐堂、义门最为醒目。明代建筑孝友堂是全村最高的建筑，后进有三层。登此楼，全村尽收眼底。明嘉靖年间建造的义门，砖砌门楼，柱础分上下两层，上层为石鼓形，上下饰两周孔钉，下做覆盘式，颇为壮观。清代建筑咸正堂（又名百步厅），分前、中、后三部分，后厅气魄最大。走进八字台门，接连就是九开间的门面，正中一间，横梁的跨度九米，纵向有三进，从大门进去，穿过两个天井，到后檐风火墙为止，刚好是一百步。慎修堂（又名百狮厅），厅内各根前檐柱的"牛腿"上都雕有狮子，有一雕一狮，也有一雕数狮，有母狮和小狮，不多不少正好一百只，形态各异，栩栩如生，在浙江古代建筑中别具一格。民国年间建筑的山乐堂，前为门厅，后为正厅，中间有天井，两侧为厢房，门厅后檐和厢房前檐及正厅前檐之间的檐枋交接点施以垂莲柱，雕成花灯状，梁架构件皆雕刻精致。

村中有一条反映19世纪农村集市店铺场风貌的小街，小街横贯东西，约400米长，街道狭小，路面以鹅卵石铺砌成，两侧房屋多系清末民初建筑。小街布局协调统一，别具风采。

离村西1.5公里石塔山上，矗立着一座白色楼阁式砖塔——同兴塔。由龙门人孙昌募捐建于清康熙十六年（1677年）。塔高12米，六面七层，这是

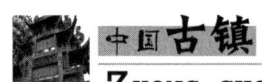

富阳县境内迄今保存最完好的古塔之一。

龙门山气势雄伟,景色壮丽,山顶瀑布,高一百余米,飞流直泻,状如白练,古人有赋"云过疑崖动,溪鸣似雨来"。著名文学家郁达夫游龙门后,作诗云:"天外银河一道斜,四山飞瀑尽鸣蛙,明朝我欲扶桑去,可许矶边泛钓槎。"这是对龙门瀑布的生动写照。山上有上、中、下三个龙潭,上龙潭由飞瀑冲成,盛夏酷暑也似有细雨蒙蒙,清凉透人,潭畔有天然祭台石,石壁上有天然巨大的龙爪印。中龙潭深不见底,传说可通东海龙宫。下龙潭危岩飞瀑,林木葱郁,幽谷藏青,形态各异,美不胜收。山上还有"和尚背老娘"、鼻头石、铜鼓石、钟鼓石、锯板厂、座仓石、老鹰石、龙头石等象形奇石。

清代龙门有十景:即杏峰插云、龙山积雪、飞瀑风雨、妙岩晓钟、龙头怪石、万庆观月、鹭鸶纳凉、万安夜雨、西垆夕阳、胡岭霞烘。

发源于龙门山的小溪穿村而过,溪畔棵棵老树横斜,座座古桥飞虹,充满着诗情画意。

第二节 江苏古镇

江苏省简称"苏",位于中国大陆东部沿海中心,地处美丽富饶的长江三角洲。江苏省地势低平,河湖众多。自然景观与人文景观交相辉映,有规模宏大的帝王陵寝、千年名刹,也有小桥流水的古镇水乡、精巧雅致的古典园

林。江苏古镇大多水网密布,地势平坦,房屋多依水而建,民居自然融于水、路、桥之中,青砖蓝瓦、玲珑剔透的建筑风格,形成了江南地区纤巧、细腻、温情的水乡民居文化。

东方的小威尼斯——苏州同里镇

同里镇,位于太湖之畔古运河之东,建于宋代,至今已有 1000 多年历史,是名副其实的水乡古镇。同里镇距苏州市 18 千米,距上海 80 千米,是为江南六大著名水乡之一,面积 33 公顷,为五个湖泊环抱,由网状河流将镇区分割成七个岛。古镇风景优美,镇外四面环水。它是江苏省最早(1982年),也是唯一将全镇作为文物保护单位的古镇。1995 年更被列为江苏省首批历史文化名镇。1998 年水乡古镇和退思园被列入世界文化遗产预备清单。

1. 源远流长的历史

同里历史悠久,源远流长。据考古挖掘的大量文物证实,同里的历史可追溯到距今五六千年前的"崧泽文化"和"良渚文化"时期。早在新石器时

同里古镇

代即有先民在此刀耕火种、生息繁衍。优越的自然条件，使这里成为吴地最富庶的地方，故同里原称"富土"。

同里先秦已成集市，隶属会稽郡吴县，汉唐日益繁华。唐初，改名铜里，尚属村市，在九里村。后梁开平三年（909年）吴越王钱镠划吴县南地、嘉兴北境，置吴江县后，同里属吴江县感化乡。

宋代，废感化乡，同里属范隅乡，正式建镇。始设巡检司，将旧名"富土"两字相叠，上去点，拆分为"同里"。元明时同里渐移至南，因镇内三条东西向市河呈"川"字形，又名"同川"。明弘治元年（1488年），同里属吴江县范隅下乡。屯村汉代形成集市，始称"屯市"，唐初已达兴盛时期。宋建炎年间，居此地者千余家。元明时"易市为村"。

元至正十六年（1356年），张士诚弟士德据吴江，分兵谭道济守屯市东关，控扼秀州、松江二要冲。明嘉靖年间居民数百家，铁工过半，后居民稍增，自成市井。明弘治元年（1488年），屯村属吴江县久泳乡。

清乾隆年间，原同里镇中水面数亩的放生河被填塞筑屋，"亦成闹市"，称"新填地"。镇域继续向东南扩展。清宣统二年（1910年）推行区域自治，屯村始属同里区管辖。宣统三年，同里设自治公所。

1912年，同里称市，设市公所。1923年，同里设市行政局。民国18年同里为二区，辖4镇28乡。1934年8月，辖3镇11乡。民国35年初，辖1镇11乡，10月辖1镇6乡。民国37年2月，辖1镇2乡。

1949年4月30日，同里解放。1950年1月，同里设区，辖1镇（同里镇）8乡（镇北、镇南、九里、屯村、沐庄、星东、星南、叶泽）。1952年，同里镇为县属镇，同里区仍辖8乡。

1956年3月，同里区并入城厢区。1957年10月，撤区并乡，分设同里乡、屯村乡，同属吴江县管辖。1985年10月，同里镇、乡合并，实行镇管村体制。1992年9月，屯村乡撤乡建镇。2001年10月，屯村镇并入同里镇。

第二章 华东古镇

> **知识链接**
>
> ### 富土变同里的传说
>
> 由于这里富足，人们把这块土地叫作富土。在宋代，上面要这里多缴纳公粮。这里的人们不愿多缴纳，便有能人想出了改名的办法。当秋后来收缴公粮时，他们不多缴纳，于是遭到质问，既然是富土，为什么不多缴纳。他们解释说，这里不叫富土，而叫同里，是人们讹传了。汉字过去是竖排的，富土二字，是将"富"字的一点抹去，将下面的"田"和"土"连成一个"里"字，上面的"富"字就成为了"同"字。从此，"富土"这个地名就变为"同里"了。

同里古镇于1986年对外开放。清丽古朴的同里小镇，水田肥沃，物丰富庶，人杰地灵，素有"东方小威尼斯"之誉。同里的特点在于明清建筑多，水乡小桥多，名人志士多。镇内有明清两代园宅38处，寺观祠宇47座，有士绅豪富住宅和名人故居数百处之多。古镇原有"前八景""后八景""续四景"等二十多处自然景观，今尚存"东溪望月""南市晓烟""北山春眺""水村渔笛""长山岚翠"诸景。

同里人世代勤奋苦读，知书达理，教育发达，人文荟萃。自南宋淳祐四年（1247年）至清末，同里先后出状元1人，进士42人，文武举人93人。古代著名里人有叶茵、徐纯夫、莫旦、邹益、梁时、何源、计成、王宠、朱鹤龄、沈桂芬、陆廉夫、袁龙、陈沂震、顾我錡、黄增康、黄增禄、任预等。近世以来，著名里人有陈去病、金松岑、严宝礼、费巩、王绍鏊、蓝公武、

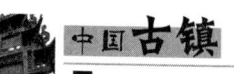

冯新德、杨天骥、费以复、刘汝醴、范烟桥、金国宝、沈善炯、冯英子等。倪瓒、顾瑛、韩奕、姚光孝、董其昌、殳丹生、沈德潜等也曾流寓同里。正有如此之人，才会创造出如此厚重的文化。

2. 东方的小威尼斯

同里镇区市河总长 5.14 千米，面积 9.37 公顷，平均每个市民占有 13.9 平方米；石驳岸总长 6.04 千米，临水民居 5.46 万平方米，占民居总建筑面积的 36.9%。市镇布局一切环绕水做文章，因水成街，因水成路，因水成市，因水成园，巧妙而自然地把水、路、桥、民居、园林等融为一体，构成了古镇同里特有的水乡风貌。

同里原有八景、续八景、后四景等 220 处自然景点。至今仍有一些景点保存完好。在一级保护区域内，明清建筑占十分之七，400 多年来的文化遗

退思园

址、遗物、遗迹、遗风犹存，随处可见深宅大院、园林小筑。现存著名的有退思园、耕乐堂、环翠山庄、三谢堂、侍御第、卧云庵、城隍庙、尚义堂、嘉荫堂、崇本堂等园林和古建筑。

建于清光绪年间的退思园，因亭台楼阁及山石均紧贴水面，如出水上，所以又有贴水园之称，在建筑史上堪称一绝。崇本堂、嘉荫堂木雕艺术十分精美。耕乐堂庭院以田园风光见胜。古街坊、古街道粉墙黛瓦，俄脊高挑，水、声、空气都融有古远的韵味。《同里志》记载，五湖环境于外，一镇包含于中。镇中家家临水，户户通舟。同里镇有"四多"：名人多，明清建筑多，水多、桥多。

同里"前八景"中，不少景观也以水为背景，以水定景，如"九里晴澜""莲浦香风""水村渔笛"。"后四景"中，"罗星听雨"景观，更是以水景为特色，被誉为"蓬莱仙境"。

同里因水多，桥也多，镇内共有大小桥梁四十多座，大多建于宋以后各时代。同里镇的古桥有：思本桥（1253年）、富观桥（1353年）、普安桥（1369年）、长庆桥（1470年始建，1704年重建）、泰来桥（1746年）、中元桥（1755年）、乌金桥（1811年）、永寿桥（1879年重建）、大兴桥（1913年）、独步桥、太平桥（1913年）、吉利桥（1987年重建）、升平桥（1997年重建）。呈"品"字形架设在河道上的太平、吉利、长庆三座古桥，是昔日同里婚嫁花轿必经之桥，以示吉庆。被人们叫作读书桥的小东溪桥，桥上那副"一泓月色含规影，两岸书声接榜歌"的桥联，生动地记录了当时同里人勤学苦读之风，证实了同里自古以来文化发达，"科名"很盛。在古镇，桥龄最长的、也是最古老的桥，要数思本桥了。它建于南宋，距今已有700多年，虽经风雨侵袭，饱经风霜，至今仍岿然不动，跨越在川清水秀的桥港上。而同里最小的桥该是坐落在环翠山庄荷花池上的独步桥。此桥桥面总长不满五尺，宽不过三尺，两人相遇需侧身而过，单孔拱桥，小巧玲珑，堪称一绝。

知识链接

最富有神话色彩的古桥

镇上最富有神话色彩的古桥是富观桥。在此桥的龙门石上，有一幅惟妙惟肖的"桃花浪里鱼化石"的石雕。传说这条鲤鱼在三月桃花水发的时候，乘风破浪奋力跳跃，想跳过龙门脱去凡胎而进入仙界，可就在它奋力跃出水面的时候，桥上走来一位如花似玉的姑娘，鲤鱼凡心一动，结果已跳过龙门的头部变成了龙头，而龙门外的半身仍旧保留了鱼身。

在同里的街道与街道之间，里弄较多，如尤家弄、串心弄、同泰弄、西弄、仓间弄等。这些里弄都又细又长，如鱼行街的穿心弄，长达三百多米。行人路过时脚下会发出哐哐的声响，原来石条下竟是空心的。富观街附近的仓场弄，自南向北通达水河两岸，弄堂仅容一人行走，故也称"一人弄"。还有一些里弄则常常横穿一个圩头，可以从河的这边一直走到另一边。

同里的街道是古老的，明清年间古镇东南为居民住宅区，这里"地方五里，居民千余家"，街巷逶迤，室宇丛密，高墙深院的住宅建筑，给老街披上了一层幽幽深深的神秘色彩。宋元以来同里的街道沿用埭，如南埭、东埭、西埭、竹行埭、陆家埭、道士埭等。镇内的明清街，全长160米，古街保存了原来的条石路面，街两旁的建筑多为明清年代所造，保持了原来的建筑风貌。费孝通先生为古街题写的"明清遗风"四个大字，被镶嵌在古朴庄重、高高耸立的大理石门楼上，远远望去，很有一种恍若隔世的沧桑感。

第二章 华东古镇

南园茶社

  同里镇现有八条主要街道，它们是：竹行街、富观街、新填街、上元街、三元街、东溪街、鱼行街、南新街。八条街道都有自己各自的特色，有的宁静恬淡，有的绿树掩映，有的依水傍屋，有的店铺林立。

  水是同里的命脉。同里因水而超凡脱俗。因为有水，同里人喝茶的习惯也比其他古镇浓。抗战前同里有茶楼20余家，为取水方便一般都建在沿河，河水经矾沉淀后即可沏茶。喝茶者四五点钟已到茶楼，河水沏茶，茶香满楼。喝茶者以中下层市民居多，四乡农民、渔民也纷至沓来，茶馆内外热闹非凡。如今同里茶楼仍有数家，较有名气的应该算是南园茶社了吧。南园茶社始建于清末，坐落于同里史上前八景之一的"南市晓烟"景致之中，堪称"江南第一茶楼"。当地渔民祖祖辈辈沿袭的"两头茶水，当中湖水"习俗，至今改变不大，茶楼还为他们提供了歇脚、漱洗、用餐诸多便利，故这里又被称作"渔人码头"。有诗曰："休愁到此食无鱼，十里周围大小湖；茶座街头闲结网，渔舟浅载笑相呼。"

  到过同里的人，都说同里"老房子"多。这种老房子大多建于明清时代，充满了江南水乡小镇古老文化的韵味。脊角高翘的房屋原貌，加上走马楼、

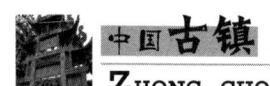

砖雕门楼、明瓦窗、过街楼等，远远望去，一组古老建筑就好像是一件可以让人长久把玩回味的古老艺术品，风雨沧桑，兀然独立。它们是同里的精华所在，充满了江南水乡小镇古老文化的韵味。

中国第一水乡——昆山周庄

周庄在苏州管辖的昆山西南，是中国江南一个具有900多年历史的水乡古镇，而正式定名为周庄镇，却是在清康熙初年。若要在中国选一个最具代表性的水乡古镇，毫无疑问，它就是"中国第一水乡"周庄。千年历史沧桑和浓郁吴地文化孕育的周庄，以其灵秀的水乡风貌，独特的人文景观，质朴的民俗风情，成为东方文化的瑰宝。作为中国优秀传统文化杰出代表的周庄，成为吴地文化的摇篮、江南水乡的典范。

"烟雨江南，碧玉周庄"，始建于1086年的古镇周庄是一个典型的江南水乡小镇。周庄环境幽静，建筑古朴，至今仍保存着水乡集镇的风貌，全镇60%以上的民居仍为明清建筑。同时，周庄还保存14座各具特色的古桥，形成一幅"小桥流水人家"的水乡风情画。

周庄镇旧名贞丰里。周庄的历史最早可以追溯到春秋时期，这里曾是吴王幼子摇的封地，称"摇城"。北宋元祐年间（1086—1904年），周迪功郎信奉佛教，将庄田200亩捐赠给全福寺作为庙产，百姓感其恩德，将这片田地命名为"周庄"。但那时的贞丰里只是集镇的雏形，与村落相差无几。1127年，金二十相公跟随宋高宗南渡，迁居于此，人烟才逐渐稠密。元朝中叶，颇有传奇色彩的江南富豪沈万三之父沈祐，由湖州南浔迁徙至周庄东面的东宅村（元末又迁至银子浜附近），因经商而逐步发迹，使贞丰里出现了繁荣景象，形成了南北市河两岸以富安桥为中心的旧集镇。到了明代，镇廓扩大，向西发展至后港街福洪桥和中市街普庆桥一带，并迁肆于后港街。清代，居民更加稠密，西栅一带渐成列肆，商业中心又从后港街迁至中市街。这时已衍为江南大镇，但仍叫贞丰里。直到康熙初年才正式更名为周庄镇。

在镇郊太师淀中发掘到的良渚文化遗物，也证明了这一点。周庄元代时属苏州府长洲县。明代中期属松江府华亭县，清初复归长洲县。清雍正三年（1725年），周庄镇因元和县一分为二，约五分之四属元和县（今吴县市）。五分之一属吴江县（今吴江市）。乾隆二十六年（1761年），江苏巡抚陈文恭将原驻吴县角直镇的巡检司署移驻周庄，管辖澄湖、黄天荡、独墅湖、尹山湖和白蚬湖地区，几乎有半个县的范围。周庄由原来的小集迅速发展为商业大镇，与江南富豪沈万三的发迹很有关系。沈万三利用白蚬江（即东江）西接京杭大运河，东北接浏河的优势，出海贸易，将周庄变成了一个粮食、丝绸及多种手工业品的集散地和交易中心，促使周庄的手工业和商业得到了迅

周庄古镇

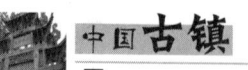

松茂堂

猛的发展,最突出的产品有丝绸、刺绣、竹器、脚炉、白酒等。

周庄环境幽静,建筑古朴,虽历经900多年沧桑,仍完整地保存着原来的水乡集镇的建筑风貌。全镇百分之六十以上的民居仍为明清建筑,仅有0.47平方千米的古镇有近百座古典宅院和60多个砖雕门楼。周庄民居,古风犹存,最有代表性的当数沈厅、张厅。

在周庄的近千户民居中,明清和民国明期的建筑至今仍保存有60%以上,其中有近百座古宅院第和60多个砖雕门楼,还有一些过街骑楼和水墙门,这在江南水乡是堪称典型的。在这些建筑中,最具有代表性的当数沈厅。

沈厅位于富安桥东南侧的南市街上,坐北朝南,七进五门楼,大小房屋共有一百多间房屋,分布在100米长的中轴线两旁,占地2000多平方米,为江苏省重点文物保护单位。

沈厅原名敬业堂,清末改为松茂堂,由沈万三后裔沈本仁于清乾隆七年

第二章 华东古镇

(1742年)建成。沈厅共有三部分组成。前部是水墙门和河埠，专门供家人停靠船只、洗涤衣物之用，为江南水乡的特有建筑；中部是墙门楼、茶厅、正厅，是接送宾客，办理婚丧大事和议事的地方；后部是大堂楼、小堂楼和后厅屋，为生活起居之处。整个厅堂是典型的"前厅后堂"建筑格局。前后楼屋之间均由过街楼和过道阁连接，形成一个环通的走马楼，为同类建筑物所罕见。

知识链接

江南豪富沈万三

沈厅的第五进中，安放着江南豪富沈万三的坐像，他的面前有金光闪闪的聚宝盆。从四面八方来的人们，审视着这位六百年前的吴中巨富，或是为了得到某些启迪和借鉴，或是为了满足祈福的愿望。不管是什么身份，走进沈厅的每一个人，都会对沈万三这个传奇人物产生浓厚的兴趣。

沈万三（1330—1376年），本名富，字仲荣，世称万三，出生于平江府（明改苏州府）长洲县（今江苏苏州）东蔡村，祖籍湖州路乌程县南浔镇（今浙江湖州南浔），为明初苏州富商，富可敌国。

元朝中叶，沈万三的父亲沈祐由吴兴（今浙江湖州）南浔沈家漾迁徙至周庄东宅，后又迁至银子浜。沈万三致富后，把苏州作为重要的经商地，寻求进一步发展。他曾支持过苏州张士诚的大周政权，张士诚也曾为沈万三竖碑立传。明初，朱元璋定都南京，沈万三捐资修筑了都城的三分之一，于是朱元璋便封他两个儿子为官。沈万三在南京站稳脚跟后，花费巨资建

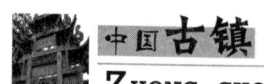

造舒适的住宅，据记载有"廊庑一千六百五—十四楹，酒楼四座"等。后来，沈万三因口出大言，想代皇帝犒赏三军，得罪了朱元璋，被发配云南充军，在荒凉的边境度过余生。

沈万三在周庄、苏州、南京等地都留下了足迹，但始终把周庄作为立业之地。"万三住宅在𦥑西北半里许，即东庄地及银子浜，仓库、园亭与住宅相互联络"，"万三家在周庄，破屋犹存"。尽管他在南京置有别业，并先后受到张士诚、朱元璋的封赏，但他不愿意离开周庄这块风水宝地。

沈万三富甲天下。《金瓶梅》第三十三回中，潘金莲还说了这样一句谚语："南京沈万三，北京枯树，人的名儿树影儿。"传说沈万三的发富是因为他从一位渔翁那儿得到了乌鸦石（或马蹄金）。更多的则传说他家里藏有聚宝盆，财宝取之不竭，因此富得连朱元璋都眼红了。

出身低微的沈万三，由贫而富，又"既盈而覆"，成为元明之际江南地主豪富的一个缩影，让专家学者产生浓厚的兴趣。沈万三在周庄的遗迹，他后裔所建造的巨宅沈厅，也吸引了一大批中外旅游者。

张厅是周庄镇仅存的少量明代建筑之一，为江苏省重点文物保护单位。原名怡顺堂，相传为明代中山王徐达之弟徐逵后裔于明正统年间所建。清初出卖给张姓人家，改名玉燕堂，俗称张厅。

作为殷富人家的宅第，张厅历经五百多年沧桑，但气派依旧。走过沿街的门厅，面前是一个天井，绿意盎然。两侧是低矮的厢房楼，上下落不都设蠡壳窗户。在漫长的岁月中遭到损害的砖雕门楼，坚实的石柱，细腻精良的雕饰，仍不难看出张厅昔日的风采。大厅轩敞明亮，一抱粗的庭柱下是罕见

玉燕堂

  的木鼓墩（柱础），这是明代建筑的明显标志。厅堂内布置着明式红木家具，张灯结彩，迎送宾客。墙上悬挂着字画，一副对联尤其引人注目，上联是"轿从门前进"，下联是"船自家中过"，十分贴切地写出了张厅的建筑特色。

  张厅的后院，是一个闲静素洁的小花园，四周围拥着粉墙黛瓦的民居。高高的风火墙下，翠竹摇曳，月季吐艳，书带草点缀着曲径。引人注目的是一柱太湖石，玲珑剔透，洁白如雪，高峰处有一峦状如飞燕，于是人们将它称之为玉燕峰。它为这个小巧的花园增添了几分灵秀之气。

  江南水乡自然少不了桥。周庄至今仍保存着建自元明清时代的石桥14座。双桥、富安桥、贞丰桥、福洪桥和新建的急水港大桥可谓是周庄桥的代表。

始建于明朝万历年间（1573—1619年）的双桥又名钥匙桥，是由一座石拱桥和一座石梁桥组成，位于周庄镇东北。由于清澈的银子浜和南北市河在这里交汇成十字，河上的石桥便联袂而筑，显得十分别致，最能体现古镇神韵。因桥一横一竖，桥洞一方一圆，样子很像古时候使用的钥匙，当地人便称之为"钥匙桥"。双桥中，石拱桥横跨南北市河，桥东端有石阶引桥，伸入街巷，石梁桥平架在银子浜口，桥洞仅能容小船通过，桥栏由麻条石建成。双桥一名世德桥，由里人徐松泉、徐竹溪建造，一名永安桥，由里人徐正吾建造；二桥在乾隆三十年（1765年）皆重修，道光二十三年（1843年）又由里人捐资重建。永安桥在1957年再次修缮。世德桥长16米，宽3米，跨度5.9米；永安桥长13.3米，宽2.4米，跨度3.5米。

富安桥，位于中市街东端，横跨南北市河，通南北市街，相传桥旁有总管庙，原名总管桥，为江南水乡仅存的桥楼合璧的立体型建筑。元至正十五年（1355年）由里人杨钟建，初系青石面无级。明成化十四年（1478年）、嘉靖元年（1522年）两次重修，为单孔拱桥。桥长17.4米，宽3.8米，跨度6.6米。清咸丰五年（1855年）重修，易成花岗石，东西有级梯，中间为平面。刻有浮雕图案，桥身四角有桥楼，临波拔起，遥遥相对，据说沈万三的弟弟沈万四，因不愿重蹈其哥哥与朱元璋作对最终被发配充军的覆辙，而主动捐钱为乡里做好事，曾捐钱修建过富安桥。富安桥的名字，就是表达了他富了以后祈求安康的心愿。

桥上有五块江南一带罕见的武康石，较长的一块在桥东以作为行人坐歇的栏杆石，一块用作桥阶，较短的

富安桥

三块铺在西桥堍，足以证明该桥历史悠久。武康石采自浙江德清县的山崖间，石面布有细小的蜂窝眼，颜色深赭，不易磨损。几百年来不知走过了多少脚步，仍基本保持原状，雨雪天也不打滑。

　　贞丰桥是一座单孔石拱桥，位于中市河西口，连接贞丰弄和西湾街。由于周庄古名贞丰里，以里得名，为贞丰桥。明崇祯七年（1634年）重修，清雍正四年（公元1726年）重建。桥长12.2米，宽2.8米，跨径4.4米。该桥如今拱洞完整，磨石斑驳，石隙间伸出枸杞枝，风貌如初，整治修后傲然跨河而立，呈现一派古意。桥北西侧，曾开设德记酒店，地处桥旁与闹市中间，顾客把酒临风，看窗外波光桥影，舟楫往来，桥楼互衬，风光无限，美不胜收，也曾经是南社成员柳亚子、陈去病、王大觉、费公直等人聚会的地方，人称"迷楼"。贞丰桥和迷楼现仍保存如初，一桥一楼，相得益彰。

知识链接

洪桥的来历

　　洪桥在后港西口，是一座造型别致的石梁桥。桥身中间的石条上，镂刻着图案对称的花纹，中间镌有"福洪桥"三字。但当地老百姓却叫它洪桥，反而把它的真名忘记了。桥在清康熙年间由里人重建，乾隆四十九年（1784年）重修。桥长16.4米，宽2.1米，跨度为4.7米。

　　相传在太平天国年间，农民起义军反抗清政府的统治，由于众多的原因，起义失败。当时有一支太平军从外地流落到周庄，当地地主豪绅十分恐惧，勾结清政府，一面散布许多谣言，诬蔑他们是青面獠牙的"长毛"，

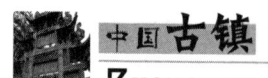

> 一面伺机将太平军镇压。有一天，大地主黄通令纠集地主武装势力，在福洪桥上，残忍地杀害了几百个太平军的士兵，太平军士兵的鲜血染红了福洪桥的石阶，染红了碧澄的后港河。
>
> 由于"红"和"洪"谐音，从此人们就把福洪桥称为洪（红）桥，用以纪念壮烈牺牲的太平军士兵。一百多年过去了，洪桥的名字仍然在流传。

全福讲寺是远近闻名的古刹。宋元祐元年（1086年），里人周迪功郎舍宅为寺，在镇西北白蚬湖畔建全福寺。经历代不断扩建，梵宫重叠，楼阁峥嵘，碧水环绕，香火鼎盛，成为江南以经忏为主、沐佛恩光的名寺。全寺共有五进，主体建筑大雄宝殿，殿宇雄伟，步入殿内，高达三丈余的如来大佛巍然盘膝而坐，佛手掌中可卧一人，佛身倍于江浙各大寺院。据清《周庄镇志》载：如来大佛本苏州虎丘海涌峰云岩寺世尊像，清顺治五年（公元1648年），总戎杨承祖兵驻白蚬湖边，迎于寺内。大佛左右伫立伟如二峰的文殊、普贤佛像，两侧的十八罗汉神态各异，栩栩如生，清初书法家李仙根寻访全福讲寺，观寺院置湖光山色美境之中，题刻"水中佛国"巨匾悬于山门之上，熠熠生辉。

复兴后的全福讲寺，借水布景，巧夺天工，波光岚影，楼阁殿宇，鳞次栉比，增色添彩，其佛教

江南水乡古镇周庄全福讲寺

文化博大精深，建筑艺术美轮美奂，园林景色如诗如画，与神韵独具的水乡古镇周庄融汇在一起。

每年元宵节，在东诧村牛郎庙的广场上，人们竖立起一根桅杆，杆上横一根小竹竿，两端悬挂串串彩灯。桅杆顶端缚一圈圈稻草，内藏鞭炮，敷以易燃物品，再糊上一层黄色的纸张，呈元宝状，这就是"田财"。到了夜晚，月亮洒下清辉，人们从四面八方携带鞭炮、爆竹和各色烟花火筒，扶老携幼来到广场上，欢度良宵。当桅杆上彩灯内的蜡烛燃尽时，人们立即兴致勃勃地鸣放鞭炮、爆竹，点燃烟花火筒，用月炮、九龙抢珠、"五百鞭""一千鞭"对着杆上悬挂的金黄色"田财"轮番射击。一时间，爆竹烟花在夜空呼啸，五彩焰火，缤纷绚丽，鞭炮在空中鸣响，围观者欢声雷动，广场上洋溢着喜气洋洋的气氛。"田财"从桅杆顶上落地，熊熊燃烧。农家争先恐后地拿着束束稻草到燃烧的"田财"上去点火，一边当空挥舞，一边去田角落焚烧。广袤的田野里，火光似流星，祈祷声高吭悠长："炭炭（烧烧）田角落，牵砻三石六……"人们正是用这种带有道教文化色彩的活动，希冀五谷丰登、国泰民安。

周庄"打田财"习俗来源已久，流传至清代，这种风俗有了变异，又有祈秋收和宜蚕的意义，时间也提前或延后，周庄的打田财则是放在了元宵节。

周庄人吃茶历史悠久，很难考证始于哪一年，历来有吃"阿婆茶""讲茶"，喝"喜茶""春茶""满月茶"等习俗，名目繁多，被称为江南水乡的"茶道"。周庄的"阿婆茶"在江南水乡颇有名气。相叙到周庄，未吃阿婆茶，不算真正到过周庄，在周庄，吃过阿婆茶的人，将会品出水乡古镇的味道来。

知识链接

周庄的美食文化

水乡周庄，珍馐水产四时不绝，其中最有名的是"蚬江三珍"：鲈鱼、白蚬子、银鱼。周庄还出产鳗鲡，"稻熟鳗鲡赛人参"，这句乡谚尽人皆知。此外还有甲鱼、河虾等。周庄美味不止于此，江南特产的腌菜苋、青团等也深受游人喜爱。数不尽的糕点熟食，犹如四季不败的花市：芝麻糕、花生糕、胡桃糕、椒盐糕、青糕等。

元末明初沈万三成为江南首富，特聘名厨烹调各式佳肴，冠以"万三家宴"。其宴讲究时鲜，选料精致，色、香、味、形俱佳。特色菜有：万三蹄、三味汤圆、清蒸鳜鱼、蒸焖鳝筒、莼菜鲈鱼羹、姜汁田螺、塞肉油包、百叶包肉、炖豆腐干、焐熟荷藕等。品尝"万三家宴"可以去沈厅酒家。它位于富安桥，沈厅边上，至今保留着明清风貌，典雅别致，临河傍水，是极具地方风格的菜馆。

悠远的历史和丰厚的文化积累使周庄的菜式得天独厚，其中尤以"万三蹄"为最，不可不尝。万三蹄是江南巨富沈万三家招待贵宾的必备菜，"家有筵席，必有酥蹄"。经数百年的流传，已经成为周庄人过年过节、婚宴中的主菜，意为团圆，亦是招待宾客的上乘菜肴。万三蹄用料考究。以精选的肥瘦适中的猪后腿为原料，加入调好的配料，加水放入大号砂锅，经过一天一夜的煨煮或蒸焖，火候要历经数旺数文，以文火为主，煮熟的整只万三蹄热气腾腾，皮色酱红，外形饱满，香气四溢。吃法更是别具一格，在两根贯穿整只猪蹄的长骨中取一细骨轻抽而出，蹄形纹丝不动；以骨为刀，骨划过处，果然蹄髈被顺顺当当地划好。这是当年明代皇帝朱元璋考沈万三时出的难题，沈万三临机应变，抽出这根骨头当刀解了题，于是朱元璋说"就称骨刀吧"，以后，便成了周庄的传统吃法。

水陆并行，河街相邻——昆山千灯镇

千灯古镇位于江苏省昆山市东南，毗邻闻名遐迩的周庄。古镇原名"千墩"，相传以吴淞江东北有墩九百九十九，与镇内一墩合成一千之数。清宣统二年（1910年），千墩更名"茜墩"，1966年易名"千灯"。一条清澈的小河穿镇而过，青瓦白墙的木结构民宅依河而建，四座清代石拱桥连通两岸。古

三桥邀月

老而充满生机的千灯古镇，至今仍保留着"水陆并行""河街相邻"的棋盘式格局和"小桥流水人家"的古朴风貌，素有"金千灯"之美称。

千灯的古河埠约有200多个。它的构筑真可谓千姿百态。镇市中心有宽大的公有码头，专供大船装卸货物。除此以外，还有特色河埠和大量的独家河滩。有的缩在石驳岸内呈凹式河滩，有的设在楼下，在石框内装木栅门或水榭门封闭。这些河埠，与古镇的贸易和居民的生活关系密切，是千年古镇繁荣昌盛的见证。

三桥是千灯水乡桥文化的精华和缩影。跨过三桥，就跨进了具有两千多年悠久历史的千灯古镇。三桥连袂而筑，分别呈现宋、明、清三代的不同特色。东边的小桥叫方泾浜桥，因河名方泾浜而得名，为明代特色；中间横跨尚书浦上的三孔石拱桥为恒升桥，恒升取步步高升意，为清代特色；西岸一座小巧玲珑的木桥是鼋渡泾桥，为宋代特色。三桥有一美丽的名字，称为"三桥邀月"。

明清石板街为"江南一绝"，是江苏省内保存最长、最完整的石板街。古街狭窄，屋檐相对，呈一线天，两侧小楼相依，隔街携手授碗，成为古镇的特有风貌。石板街始建于南宋，明清进一步延伸修缮；民国三年（1914年）又以重金聘青浦县朱家角筑路名匠王世昌，重新整理修缮，遂形成今天纵横交错、贯穿古镇南北的格局。石板街，南北贯穿古镇，并连接各支路，呈蜈蚣形。全长1.5公里，主干街道长800米，由2072块长条形花岗岩铺设而成。石板下面设有既宽又深的下水道，与古镇各处的河埠、河滩相连通。因此，即使下滂沱大雨，石板街上从不积水，转晴即干，让古建筑专家也惊叹不已。

千年古塔——秦峰塔，始名秦驻山塔，此地原本有一个高耸的土墩，相传秦始皇统一中国之后，南下巡视，曾驻跸于此地，因而得名"秦驻山"。南北朝时期，佛教大兴，南朝梁天监二年（503年），有信徒在此建寺修塔，佛塔始名"秦驻山塔"，后又改为"秦峰塔"。秦峰塔由塔基、塔身、塔刹三大部分组成。砖木结构，楼阁形式，平面呈方形，共有七级，高38.7米。塔的每只翼角上都挂有铜铃，风吹铃动，叮咚作响，声音可传到寺外。

秦峰塔俨然已经成为千灯镇的镇标，还未进镇，老远就可以看到古塔直指云天。因塔身修长，故又有"美人塔"之誉。清代方豪思有诗云："千墩墩上塔层层，高入云霄碍野鹰。我欲登上观四海，秋风病骨未堪胜。"

知识链接

世界第一大玉佛

在秦峰塔下的玉佛殿中，躺着一尊来自缅甸的号称世界第一大的玉卧佛。这尊玉卧佛长8.9米，高2.45米，重约有30吨，镶嵌有1500多颗红宝石、蓝宝石和翡翠，莲花座和衣纹用纯金镏金而成，整座佛像显得华贵端庄，具有很高的艺术价值。这座玉卧佛由于体积空前巨大，已经被载入了世界吉尼斯纪录大全，入选世界纪录协会世界最大玉卧佛候选世界纪录。

秦峰塔

镇上还保留着堪称"中国第一当"的余氏典当行。余氏典当始建于明末清初徽商余氏的老宅，千灯人称它为"典当里"。据载，余氏的祖先余爱山于明代万历年间自安徽休宁县迁来昆山千墩吴家桥开店经商，余氏具经营敛财头脑，收入颇丰。古时里人称"吴家桥"为玉溪，并称余氏为"玉溪余氏"。

"余氏典当"是由余爱山的第二代传人余尚德于清顺治年间在千灯镇上营

顾炎武故居

建的徽派建筑群。余宅朝东落西,双排两行,建时沿河自东(过街)向西共有七进,现存五进。第一进东为店铺,四开间门面,经营茶杂山货;第一进西四开间为典当铺;第二进是明厅"立三堂";第三进为大堂楼,走马楼为住宅;第四进为小堂楼。第五进为当库。整个建筑群有一明代大厅、五小厅、六幢楼、双备弄,前后左右构成"亚"字形"走马楼",大小房屋120多间,千灯人称它"迷楼"。典当三面有高墙,可确保财产安全;后面是"更楼",可为全镇防盗、防火打"五更",具有警示功能。

  千灯由大户名宅构成的古建筑群中,最值得称道的是爱国学者顾炎武的故居——顾氏南宅"贻安堂"。南宅现存五进明清建筑,雕梁画栋,砖刻门楼十分精细,具有极高的艺术价值。顾炎武故居原来占地只有6亩,现在的占地面积已经扩大至 60 亩，形成了包括顾炎武起居生活区、顾炎武祠堂、顾炎武墓和顾园几个景点，其中顾炎武墓地和顾园相连，形成墓、祠、厅一体的园林布局，为千灯诸景之首。

知识链接

明末大儒顾炎武

顾炎武（1613—1682 年）著名思想家、史学家、语言学家，与黄宗羲、王夫之并称为明末清初三大儒。本名绛，字忠清；南都败后，以慕文天祥学生王炎午为人，改名炎武，字宁人，亦自署蒋山佣，学者尊为亭林先生，汉族，南直隶苏州府昆山（今属江苏）人。明季诸生，青年时发愤为经世致用之学，并参加昆山抗清义军，败后漫游南北，曾十谒明陵，晚岁卒于曲沃。学问渊博，于国家典制、郡邑掌故、天文仪象、河漕、兵农及经史百家、音韵训诂之学，都有研究。晚年治经重考证，开清代朴学风气。其学以博学于文，行己有耻为主，合学与行、治学与经世为一。

园林之镇聚宝盆——苏州木渎镇

木渎古镇位于苏州城西南 15 公里处，太湖之滨，是著名的江南古镇。境内风光秀丽，物产丰饶，又恰在天平、灵岩等吴中名山环抱之中，所以被人称为"聚宝盆"。

木渎镇的初建可追溯到春秋时期，至今已有两千多年的历史。相传在春秋末年，吴越两国争霸，越国战败，越王勾践献美女西施于吴王。吴王夫差专宠

55

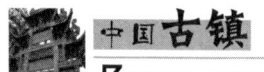

中国古镇
ZHONG GUO GU ZHEN

木渎古镇

西施，特地为她在灵岩山顶建造馆娃宫，源源而来的木材堵塞了山下的河流港渎，"木塞于渎"，"木渎"之名由此而来。镇上河道纵横，古朴清幽，河上的众多古桥和绵延的石驳岸组成了美丽的水上风景。

木渎还有"园林之镇"的美誉，明清时镇上有私家园林20多处，至今仍存有严家花园、榜眼府第、虹饮山房、古松园等多处古典园林。据说清代乾隆皇帝六次南巡，就有六次来到木渎，木渎古镇的魅力可见一斑。

严家花园位于木渎镇山塘街的王家桥畔，其前身是清乾隆年间苏州名士沈德潜的寓所。光绪二十八年（1902年），木渎首富严国馨买下此园后重新修葺一新，更名"羡园"。因园主姓严，当地人称"严家花园"。严家花园内的厅堂建筑宏敞精丽，而进入后面的花园区域，其建筑则变得精巧活泼，丰富多彩，楼阁、亭轩、廊榭错落有致，富于变化，体现出精湛的造园艺术。

"虹饮山房"门匾

虹饮山房是清朝初年木渎文人徐士元的私家园林，乾隆皇帝南巡时每次经过木渎，必先在此弃舟登岸，入园游览，因而，当地人都把虹饮山房称为乾隆的"民间行宫"。

虹饮山房因靠近虹桥而得名，建筑风格融江南园林的秀美和北方皇家园林的壮丽为一体，由东西两处明代园林相连组成。东园原是明代李氏所建的小隐园，以老树、奇石和茂密的竹林著称。西园是秀野园，建成于明崇祯四年（1631年），景致以水景取胜，亭榭花木环池而构，参差错落，令人赏心悦目。

木渎地处太湖流域，这一地区长期形成的水乡习俗是吴文化的重要组成部分。木渎古镇历史上经济相对发达，因而节庆习俗多姿多彩，民俗风情更具鲜明特色。

（1）"碰痴痴会"：每逢农历正月十三举行，主要活动是抬猛将老爷。猛将老爷是一个用香樟木调成的坐像，面容安详而不失威武。但他却是光脚、秃头，这一绝无仅有的特色使这个民间活动有了一个古怪而滑稽的名字"碰痴痴会"。这个习俗主要通过抬猛将老爷，乞求他能给人们带来财气和庇佑。

（2）"灵岩走月"：相传吴越春秋时期，在灵岩山顶赏月就已成为风尚。

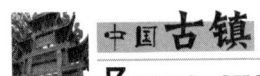

西施爱月，夫差为了讨好她，专门在灵岩山为她修建了玩月池。历代名人雅士亦有喜爱登灵岩山赏月，如梁简文帝、韦应物、白居易、李商隐、范仲淹、文征明、唐寅、康熙、乾隆二帝，等等。而苏州民间也有中秋到灵岩山赏月祈福的传统。

木渎还有许多别具江南特色的传统习俗，如春节"拜喜神""走三桥"中的走"永安""吃年酒""烧头香"；元宵节"走马锣鼓""闹元宵"；二月二的"撑腰糕"；立夏时的"吃甜酒酿，尝三鲜"；端午节的"赏端阳"；七月七的"七夕乞巧"；中秋节的"斋月宫""灵岩赏月"；金秋十月的"天平观红枫"；腊月的"喝腊八粥"；十二月二十五的"送灶神"；等等。多姿多彩，不胜枚举。

神州水乡第一镇——苏州甪直镇

甪直镇位于江苏省苏州城东25公里，古称"甫里"，又名"六直"。后因镇东有直港，通向六处，水流形状很像"甪"字，故改名为"甪直"。甪直镇建于南朝梁天监二年（503年），至今已有1600多年的历史，被誉为"神州水乡第一镇"。

甪直古镇上现有主街道9条，街面都以卵石及花岗石铺成，街坊临河而筑，前街后河，街道两旁店铺林立。不论临街的住宅还是临河的民房均为黛瓦粉墙、木门木窗、青砖翘脊，墙壁上还带有花纹，大多为明清时代的房子。镇中还有58条古巷，最深的巷子长达150米。

甪直镇最火的特色就是水多、桥多，甪直也因此历来享有江南"桥都"的美称。在一平方公里的古镇区内原有宋、元、明、清时代的石拱桥70多座，现存41座，造型各异，各具特色，古色古香，素称"中国古桥博物馆"。甪直的石桥包括多孔的大石桥、独孔的小石桥、宽敞的拱形桥、狭窄的平顶桥，也有两桥相连呈直角的双桥，以及左右相邻的姊妹桥和方便居民的平桥。

保圣寺建于南朝梁天监二年（503年），是一座著名的千年古刹，被誉为江南四大寺院之一。甪直镇的兴起与保圣寺的建造与繁盛有着密切的关系，可以说甪直的繁华是"以庙兴市"。当时的梁武帝萧衍笃信佛教，大兴寺庙，保圣寺即是当年建造的大寺之一。最盛时保圣寺有殿宇5000多间，僧众近千人，范围覆盖半个甪直镇。如今，保圣寺保存着唐代著名雕塑家杨惠之所塑的9尊泥塑罗汉，虽历经千年沧桑，却仍然完好。

沈宅位于保圣寺以东，建于清同治九年（1870年），是甪直教育家沈柏寒的故居，建筑布局精巧，画栋雕梁，具有清代建筑特点。沈家原为甪直富豪，拥有众多的产业和财富，当时有"沈半镇"之称。沈宅的正厅乐善堂是沈宅的精华部分，也是镇上最豪华的建筑，高大宽敞，雕饰遍布，东暖夏凉，四季皆宜。堂内有两副抱柱联，其一：经济有成，事业俱自苦志起，读书最乐，俊彦都由名教来；其二：和气祥光，请声美行，尊德乐义，合泽戴仁。前一副是教育子孙的话，后一副则是跟堂名有关，是希望由"乐善"而达到的至高境界。

保圣寺古物馆

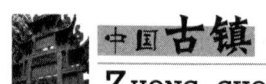

知识链接

沈柏寒简介

沈柏寒（1884—1953年），名长慰，又字伯安。吴县甪直人。同盟会会员、教育家。光绪年间重建甪里书院的沈宽夫就是他的祖父，他七岁丧父，由母亲抚养长大，因沈柏寒是沈家长子，其祖父特别疼爱他，从小就得到名师的指点，打下了旧学根底。21岁时东渡日本，入早稻田大学教育系攻读，在日本，他学到了新知识，接受了新思想，并且开拓了视野。23岁，沈宅大家庭内部发生了严重纠纷，沈柏寒只得辍学回家。回到家乡，他痛感古镇风气的闭塞，认为必须启迪民智，于是确立了教育救国的思想，把甪里书院改为甪里小学，从事教育事业。

萧宅位于和丰桥（中美桥）南约30米，中市上塘6号。建于清光绪十五年（1889年），占地一千多平方米，是保存较好的清代民宅。此宅原系清代武举人杨姓所建，后售于里中望族萧冰黎，故称萧宅。萧冰黎在"五高"任教，为地方公益做出过贡献。其子萧乃震留学德国，其孙女萧芳芳是香港电影演员。现萧宅内设为萧芳芳演艺馆。整宅五进，结构紧凑，布局巧妙，宅基一进比一进高，寓意"步步高升"，充分体现了苏派建筑独特的艺术风格，可谓江南私家住宅建筑的精品。

王韬纪念馆在甪直中市下塘街6号，为一座具有清代建筑风格的住宅，占地800平方米。坐东朝西，共分王韬生平事迹陈列室、王韬故居和韬园三部分。门楼上书有钱君匋先生题写的馆名，宅中为面阔三间的鸳鸯厅，上悬

第二章 华东古镇

匾额"蘅花馆",大厅正中竖有高大的木雕屏风,屏风前置有王韬半身铜像,厅柱上分别镌刻着王韬自撰的对联:"短衣匹马随李广,纸阁芦帘对孟光。"还有当年康有为题赠给王韬的对联:"结想在霄汉,即事高华嵩。"最后是一个小花园,名为韬园。

每当谈及改良,人们必然会联

王韬纪念馆

想到"康梁"。而早于"康梁"力主变法自强的王韬,则鲜为人知。王韬(1828—1897年),近代著名思想家,清末改良主义政论家。甪直人,初名利宾,字紫诠,号促羽,又号天南遯叟。其实,王韬的思想、主张在当时是颇有影响的,他曾提出"富强即治国之本",提倡学习西方的科学技术,要求发展工商业和新式交通事业,主张改革封建的科举考试制度、学校制度,为戊戌变法做了舆论准备,只不过当局"用其言而仍弃其人"而已。

阳澄湖畔的江南古镇——常熟市沙家浜镇

沙家浜镇位于江苏省常熟市东南隅,地处风光旖旎的阳澄湖畔,是一个具有五百多年历史的江南古镇,交通便捷,苏嘉杭高速公路在境内设有互通,锡太公路穿越全镇。沙家浜镇总面积80平方公里,人口四万有余,下辖11个行政村,两个社区居委会,一个办事处,已成功获得国家卫生镇、中国环境优美镇、中国重点镇、中国休闲服装名镇等国家桂冠,综合实力名列常熟市乡镇前茅。

沙家浜以其浩荡的芦苇、宽阔的水域和茂密的绿色构成江南水乡富有自然情趣的绿色生态主调;沙家浜的历史人文积淀更赋予了景区深厚的内涵和

61

沙家浜

生命活力；水、渔、米、耕、戏的江南特色更是常常让游客融入其间，乐此不疲。

　　沙家浜镇自然风光独一无二，南面是烟波浩渺的阳澄湖，北面是清明如镜的昆承湖。这两湖之间曲径逶迤，成了名副其实的转水墩、活络圩。这千亩芦苇荡，构成了一道迷人的风景线。岸边的良田，春绿秋黄，一望无垠，田中的农舍，粉墙黛瓦，星罗棋布，看不尽烟柳春燕图，吟不完秋韵菊花诗，令人心旷神怡，浮想联翩。真是"阳澄湖畔沙家浜，芦苇荡里好风光"。

　　"阳澄湖畔沙家浜，大闸蟹的屋里乡"。（"屋里乡"意为家乡、房间里）沙家浜地区河湖密布，水质洁净，水草丰茂，食饵充裕，水底泥质坚硬，是螃蟹栖息的理想场所。盛产有"蟹中之王"美称的阳澄湖大闸蟹。

以全国爱国主义教育示范基地沙家浜革命历史纪念馆为中心的革命传统教育区是全国"红色教育游"著名景点。以水生植物观赏、民俗文化展示、芦苇特色景观为主的湿地公园成为"绿色生态游"的区域热点。以无公害大米、鱼类和阳澄湖大闸蟹等沙家浜的"鱼米三宝"和特色食品为主的美食系列成为"金色美食游"的显著亮点。以拍摄影视作品近百部的影视基地和8个特色店铺为中心的横泾老街成为"影视文化游"的重要看点。沙家浜芦荡湿地公园，还原了江南水乡典型的古镇村落，展现原汁原味的传统江南水乡渔民特有的生产、生活状况与民风民俗，湿地内的芦苇、芦竹、蒲苇、朴树、女贞等当地原生的湿地植物与耐水湿植物，构成了具有江南水乡特征的湿地植物群落。粉墙黛瓦、小桥流水的芦荡人家，飞鸟闲逸、游鱼戏水的湿地渔乐园，荇菜参差、苇叶摇曳的湿地植物园。"绿波不尽尘难染，芦苇深处浮人家"，描绘了沙家浜惬意田园的诗意画境，展现了沙家浜非同寻常的自然乐趣和人文情怀。

第三节 上海古镇

上海，地处长江入海口，是中国第一大城市，也是世界大都市之一。上海古时为海边渔村，历史悠久，已有两千多年历史。春秋时，上海地区属于吴国，战国时开始建城。"申城"是上海地区最早的城市，后来城址几经变

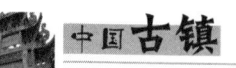

迁。三国时期，申城城址于佘山附近固定了下来，更名为"华亭"，唐朝设县，同时华亭县北部的上海镇也逐渐发展起来。

上海威尼斯，沪郊好莱坞——青浦朱家角镇

朱家角又称"角里"，位于上海市青浦区中南部，地理位置十分优越。镇内河港纵横，9条长街沿河而伸，千栋明清建筑依水而立，36座石桥古风犹存，名胜古迹比比皆是。

古镇朱家角历史悠久，早在1700多年前的三国时期已形成村落，宋、元时形成集市，名朱家村。明万历年间正式建镇，名珠街阁，又称珠溪、珠里。曾以布业著称江南，号称"衣被天下"，成为江南巨镇。明末清初，朱家角米

朱家角古民居风光

业突起，再次带动了百业兴旺，时"长街三里，店铺千家"，老店名店林立，南北百货，各业齐全，乡脚遍及江浙两省百里之外，遂又有"三泾（朱泾、枫泾、泗泾）不如一角（朱家角）"之说。清嘉庆年间编纂的《珠里小志》，把珠里定为镇名，俗称角里。1991年，被列为上海市四大名镇之一，也是上海地区的重要旅游景点之一。

名镇朱家角迷人的自然风光在一山一湖，真山真水显现出江南水乡之特色。山，名叫淀山，山虽不高，名气极大，为浙西天目余脉，此山为始，如登山望湖，有"淀峰晚照"一景可赏。湖，即天然淡水淀山湖，面积达62平方公里，湖东区大部分在朱家角境区，有11个杭州西湖面积大。

更具古镇特色的人文景观，是一桥、一街、一寺、一庙、一厅、一馆、二园、三湾、二十六弄。

一桥指放生桥。放生桥是江南地区现存最大的五孔大石桥，全长70.8米，宽5.8米，结构精巧，形状美观。明隆庆五年（1571年），慈门寺僧人性潮募款建造此桥。桥的设计采用了超薄的桥墩，加上桥拱自然递增，全桥形成一个缓和的纵坡，自然衔接两岸街面，显得雄伟而不笨重。桥上的石刻也十分精彩。明清时代，每月农历初一，当地僧人都要在桥上举行放生仪式，将活鱼放入河中。

一街是沪上第一明清街北大街，久经沧桑，还保存得如此原汁原味，那"一线天"独特构筑，令人啧啧称奇。有"长街三里，店铺千家"之称的北大街，老式店招林立，大红灯笼高挂，成为江南古镇最热闹的古老街道，是江南其他古镇所望尘莫及的。

一寺是报国寺，为上海玉佛寺下院，寺内缅甸白玉雕成的释迦牟尼玉佛、新加坡赠送的第一尊白玉观音及千年古银杏，称为报国寺"三宝"。

一庙是城隍庙，已有200多年历史的城隍庙，青瓦黄墙，飞龙翘角，吉祥葫芦，花格落地长窗，呈现古意盎然、香烟袅绕、肃穆壮丽的景象。其中"斗拱戏台""木刻横梁"及"中堂画轴"（现已废）被称为城隍庙"三宝"，

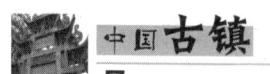

中国古镇
ZHONG GUO GU ZHEN

城隍庙古建筑

十分罕见。

一厅是席氏厅堂，集江南豪门大富人家建筑之大成，特别"墙门砖雕"堪称一绝，其图案优美，雕花之精细，技法之高超，让人叹为观止。

一馆即是"王昶纪念馆"，展出清代乾隆十九年进士、刑部右侍郎，称为"吴中七子"的王昶的蜡人蜡像、诗字画、碑刻、织布机、老式床等近百件实物展品，内容丰富，史料翔实，品位极高。

二园是课植园和珠溪园，一个古老，一个现代；一个庞大，一个精巧，相映成趣。课植园是一处庄园式园林建筑，占地96亩，园由马文卿建于1912年，乃寓"一边课读，一边耕植"以应园名，园内建有书城，又辟有稻香村，园中亭台楼阁，廊坊桥树，厅堂房轩，一应俱全，各种建筑及生活用房200余间，布局错落有致，疏密得体，构思精巧，在私人园林建筑中实为罕见。

而珠溪园，则建于1956年，占地70余亩，小巧玲珑，景色优美，布置成春、秋、冬三园，各具特色，还辟有儿童乐园、餐厅、茶室、商店，为休息、进食、购物、游玩于一体的理想场所。

三湾即三阳湾、轿子湾、弥陀湾。人行街上，前后左右都是房，以为到了路尽头，直角拐弯，一街市面在眼前，令人产生别有洞天的奇妙感觉，这种在老街上出现奇特拐弯的景观，是其他古镇难得一见的，非朱家角不能见到。

二十六弄为约数，实际是朱家角的古弄何止26条，每街每路都有弄，路通街，街通弄，弄通弄，形成网络式棋盘格局，朱家角的古弄幽巷又以多、古、奇、深，名闻遐迩，这在一般江南其他古镇上是不能相比的。穿弄走巷，如入迷魂阵，趣味无穷，寻古探幽，领略北方胡同式的情趣，又有着异曲同工之妙。近年，"古弄旅游"越来越受到外地人和老外们的青睐，是一项颇有价值，有待进一步开发的处女地。

名镇朱家角迷人之处还有世人皆知的"三多"。就是名人多，明清建筑多，河埠、缆石、茶馆多。

首先，名人多。主要是朱家角环境幽静，气候宜人，是读书做学问的风水宝地，历来文儒荟萃，人才辈出，明清两代共出进士16人，举人40多人。其中知名度较高的有清代学者王昶、御医陈莲舫、小说家陆士谔、报业巨头席子佩、画僧语石等。

其次，深宅大院明清建筑多。历史上许多富贵人家和文人雅士在此建园造宅，全镇古宅建筑有四五百处之多，风火墙、石库门、墙门人家随处可见。"三泖渔庄""王昶故居""福履绥祉"，还有席氏厅堂、陆氏世家、陈莲舫故居、仲家厅堂等数十处，更有无数沿街明清建筑，飞檐翘角，黛瓦粉墙，明清风格组成一幅明清水墨画卷。

最后，河埠、缆石、茶馆多。朱家角是水的故乡，水多桥多，河埠多，紧挨在一起的缆船石，也不计其数，那造型各异的水桥，那千姿百态的缆船

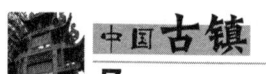

石，布满全镇的大河小巷，这些江南水镇特有的景观，细细欣赏观察，不觉令人兴趣盎然，耐人寻味，简直是历史、文物、建筑、风情、艺术等内容构成的综合体。有凸出石驳岸的"两面河滩"，有凹进石驳岸的"单面河滩"，更有"人从前门进，河滩从屋后出"的"隐身河埠"。而那些镶嵌在水巷石驳上的花岗石浮雕缆船石更是琳琅满目，趣味无穷，有的雕成牛角，有的凿成宝剑，有的刻成怪兽，面目狰狞，有的琢成如意，呈现吉祥、古朴的美，这些已有几百年历史的雕刻艺术将古镇点缀得更具风韵。古镇茶馆，大多集中在放生桥、北大街一带，有十几家之多，有豪华型新辟的"放生桥茶楼"，有年代久远古老的"俱乐部茶楼"，更有古色古香的"淼趣楼"，也有排门板门面、几张桌子几条长凳、简易廉价的农家茶馆，最有趣和令人欣喜的是"茶馆开到游船"上的"游船茶馆"。

江南第一桥乡——青浦金泽镇

金泽镇位于上海市青浦区的西南，是上海唯一与江苏省和浙江省交界的镇，水陆交通便捷，是江浙沪的重要交通枢纽。金泽镇历史悠久，人文景观诸多。

据史料记载，金泽原有"六观、一塔、十三坊、四十二虹桥"，全镇现存古桥 21 座，是上海保留古桥最多的镇，所以一向有"江南第一桥乡"之称。尤其在下塘街一带一段 350 米的河道上并列的五座古桥，就跨越了宋、元、明、清四个朝代，所以有"四朝古桥一线牵"的说法。至今镇上共保存着宋

普济桥

万安桥

　　元明清所建的七座古桥梁,分别是迎祥桥、祖师桥(如意桥)、放生桥、普济桥、天王桥、万安桥与关爷桥(林老桥)。其中普济桥是上海地区最古老的石拱桥。

　　普济桥在金泽镇南首,因桥畔有圣堂庙。故俗称"圣堂桥"。此桥建于南宋咸淳三年(1267年),明清两代作过重修,为单孔石拱桥,桥长26.7米,桥高5米,与万安桥非常相似,故合称为"姐妹桥"。普济桥所用的石料是珍贵的紫石,有紫色的光彩。每当雨过天晴,阳光照射在桥上,紫石晶莹光泽,绚丽多彩。万安桥位于金泽镇北,桥名来自于"万世安祥、万民安业"。其桥长29米,宽2.6米,是金泽最大的石桥,有"金泽四十二虹,万安桥居首"之称。此桥建于宋代景定年间(1260—1264年),历经800多年,还庄严雄伟。万安桥为弧形单孔石拱桥,坡度平缓,跨度大,结构坚固,形式优美,堪称是个奇迹。

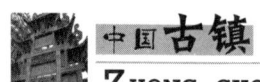

金泽镇民俗文化历史悠久，内涵丰富，有市级非物质文化遗产"商榻宣卷"和"商榻阿婆茶"。除了"宣卷""田山歌""打莲湘"等民间文化活动以外，每逢农历三月二十八和九月初九的庙会更是热闹非凡，是千年古镇金泽的特色民俗风情。

第四节 安徽古镇

安徽省是中国古镇、古村落最为集中的地区，在古徽州府所辖的南部山区，众多古民居村落展现出鲜明的地域文化特色。徽州民居建筑风格从整体布局到建筑特色无不具有浓郁、独特的文化特征和古朴的生活气息。徽州古村落建筑中的民居、牌坊、祠堂并称为"徽州三绝"，细节精致，清丽高雅，充分体现了古徽州的富庶和雅致。

桃花源里人家——黄山西递

距今有900多年历史的西递是一座有着深厚历史文化背景的古村镇。西递古村镇坐落在安徽省黄山南麓，距黄山风景区仅40千米，古村镇占地16公顷，平面呈船形。2000年11月30日在澳大利亚凯恩斯召开的联合国教科文组织第24届世界遗产委员会会议上，中国安徽古村镇西递被列入了世界文

第二章 华东古镇

黄山西递古建筑

化遗产名录。

　　西递古镇有着深厚的历史底蕴。西递始建于宋朝元丰年间，原名为西川又称西溪，根据史料记载。西川之名是由于有河水向西流经此地，所以被当地人称为"西川"。其后西川改称为现在的西递，学术上有两种不同的解释：其一是在宋朝时，西递曾是皖地东西的交通要道，朝廷在此地设有周转的驿站，用于传递重要公文以及提供住处给来往官员暂时休息，而驿站古时候又被称为"递铺"，所以后来西川又被称为"西递铺"；其二是在中国境内的河流一般都是自西向东流去，但西递所在地周围的河水却是向西流的，有"东水西递"之意，所以西川也就被称为西递了。

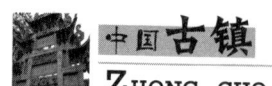

知识链接

西递古镇与李唐后裔的渊源

据史料记载，这个有着900多年历史的古镇与唐王朝李氏一脉有着难解的渊源，唐昭宗李晔之子也可以说是西递的始祖。据称唐朝末年，朱全忠占据洛阳打算篡位建立一个新的王朝，而昭宗皇帝李晔被胁迫迁都洛阳。当皇帝一行到达河南的陕州时，皇后何氏生下了一个儿子。喜获麟儿的昭宗既喜又悲，喜的是李氏的血脉可以得到延续，悲的是李晔自知这个孩子到洛阳后，一定会性命难保，一心谋朝篡位的胡全忠一定会斩草除根。于是昭宗皇帝决定将这个孩子藏匿到民间。刚好有一位叫胡三的婺源人在陕州做官，这个胡三也算得上是一个忠心卫主之士。他为了这个皇子，宁愿舍弃官职，秘密抱着这个幼小的生命回到了婺源的家乡考水。他怕人知道这个孩子的来历，便将这个小皇子冒充是自己的儿子，然后改姓胡，取名"昌翼"，寓意是翅膀长成飞出虎口。后来昭宗李晔一家果然全被朱温所残杀，而这个幸存的小皇子却在胡家长大成人。时光更迭，170年之后的1077年，胡昌翼的五世孙胡士良去南京办事路过西递，一时之间被西递这里的山水风光所吸引，便决定举家从考水迁往此处定居。此后的900年间，胡家人在西递繁衍生息，发展壮大，最后在这里建成了一座古村镇。

俗话说徽州十家九贾，因此在中国更有无徽不成镇之说，徽商在中国历史上是出了名的，甚至在明清时期，徽商成为中国十大商帮之首。而西递的胡家人是从1465年开始的经商之路，及至1662到1850年之间，是胡氏宗族最繁荣鼎盛时期。这段时期，胡家人在经商和仕途上一帆风顺。仅二十四世祖胡贯三一人就经营了 36 家当铺和 20 余家钱庄，他的"商业触角"几乎遍布长江中下游各大商埠，资产折白银 500 余万两，是江南六大富豪之一。非但如此，他还与当时的宰相曹振镛结成儿女亲家，据说当时为迎接曹振镛，他更是斥资修建了今天的历史文化遗迹走马楼。正是靠着这种裙带关系和巨大财力，外加注重读书和处世有方，胡家官运也亨通起来，二十五世祖胡元熙当了杭州知府、二十六世祖胡积成任了礼部员外郎。到了清末时局动乱之时，胡家也开始了衰败之势，并最终退出了历史的舞台。而西递也随着胡家的衰落开始渐渐隐没，成为了皖东南藏在历史屏风后的一抹重彩浓墨。

知识链接

中国古代十大商帮

中国古代有徽商、晋商、陕商、鲁商、闽商、粤商、宁波商、洞庭商、江右商、龙游商等十大商帮，其中以徽商和晋商规模最大、实力最为雄厚，纵横商界 500 年，最后却在清末民国时期，被宁波帮后来居上、取而代之。十大商帮中最早崛起的是学而优则贾的晋商，实力最雄厚的是贾而好儒的徽商。

有着几百年历史的西递风味厚重，退避一隅更显安宁祥和，西递有着桃花源的美誉，却从来没有真正地与世隔绝过，它曾经随着徽商的脚步辉煌过，浸润了徽商圆滑的风骨，及至没落时，这种儒家的风骨依然保存着，延续在那些小巷里、楼牌中，甚至是那一砖一瓦之上。因为这份历史的风韵，西递也被誉为"中国传统文化的缩影""中国明清民居博物馆"。

西递所处之处为四面皆环山,东西约长800米。村镇中以一条纵向的街道和两条沿溪的道路为主要骨架,构成了以东向为主、向南北延伸的村落街巷系统。宽约3米的正街、横路街、前边溪街、后边溪街等四条街道,构成了村落的主要道路骨架,四十多条保存完好的古巷弄敷设全村。在这里所有街巷均以青石铺地。西递至今还保存着古朴典雅的明清民居200幢,住宅大多临水而建,有高耸的马头山墙,精雕细刻的八字大门楼,曲折的墙面,形状各异的石雕漏窗及街头巷尾的石凳、石板桥、水井,这些建筑和物件都保持着明清时期的原有风貌。整个村落的整体轮廓与所在的地形、地貌、山水等自然风光和谐统一,具有很高的审美情趣,体现出皖南古村落的特有风貌。西递古村镇的房屋宇厦多采用黑色大理石修建。99条高墙深巷错综缠绕,各具特色的古民居遍布其中,行走在这里就如同置身于迷宫之中。西递民居外表简朴,多以黟县青石镂空雕成花卉和几何图案装饰。大门均用黟县青石做框,上部镶嵌门罩,多用砖石雕刻,以花鸟虫鱼或历史场景为题材,寓意深刻,极为精美。特别引人注意的是房间的梁、枋、斗横、雀替、隔扇和凭空窗上的雕刻,雕工细腻,异常精美。

知识链接

西递古民居内的"天井"

西递古民居内大都设有"天井",这也是徽派建筑的一大特色。徽派天井的设置,一般是三间屋在厅前,四合屋在厅中,起到采光、通气的功用。

第二章 华东古镇

> 在过去那个年代徽商巨贾为了藏富防盗之需,一般都会在自己的住宅周围建有高大封闭的屋墙,很少会向外开窗。设置的天井是唯一一处足不出户,也可见天日的地方,这天井也很好地把大自然融入了屋中,使得"天人合一"。关于天井的设置还有一种说法,就是商人以积聚为本,总怕财源外流,造就天井,可"四水归堂",即四方之财如房顶上的雨水,汇集于天井内,不致于外流他家,俗称"肥水不外流"。

西递村整体呈船形,村中鳞次栉比的古民居建筑群,宛如一间间船舱,组成大船的船体。昔日村头高大的乔木和13座牌楼,好比船上的桅杆和风帆,村周围连绵起伏的山峦,宛如大海的波涛。村前的月湖和上百亩良田簇拥着村子,恰似一艘远航的巨轮停泊在宁静的港湾里。

在西递村口,有一座兴建于明万历六年(1578年)的"胡文光牌坊",俗称"西递牌楼",堪称明代徽派石坊的代表作。这个牌楼分为三间四柱五楼,整体结构峥嵘巍峨,结构精巧,牌坊东西两面分别刻有"荆藩首相"和"胶州刺史"八个大字。据说当时这是直接由皇帝恩准敕建的,这在当地是唯一的一座,因此犹可想见胡氏家族在当时地位的显赫。

西递不但是一座充满历史风味的古镇,它也是徽派艺术的典范。西递古村镇中保存着近乎完整的明清时代建筑有几百座之多,这使得西递堪称徽州古村镇的典范。这些完整保护下来的历史遗迹也是人类历史上不可多得的文化瑰宝。综观整个西递古镇,不论是在建筑布局、营造技术还是装饰工艺上的成就都是极其巨大的,它被人们誉为代表着中国唐宋以来住宅和人居环境建设方面的最高水平。它们还是中国封建社会后期文化的典型代表——徽州文化的载体之一,是明清时期达到鼎盛的徽州文化的产物。西递这些保存完

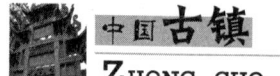

黄山西递古村

整的古老建筑包括凌云阁、刺史牌楼、瑞玉庭、桃李园、东园、西园、大夫第、敬爱堂、履福堂、青云轩、膺福堂等，这些保留了原汁原味的古代气息之处也成为今天的人凭吊历史的最佳选择。

西递著名的景点很多，一进村口顺着胡文光牌坊向西，就会看见西递最著名的"走马楼"。走马楼又被称为"凌云阁"，始建于清朝道光年间，据传说，走马楼在当年是西递首富胡氏家族的胡贯三为迎接歙县的亲家、当朝宰相曹振镛的到来而突击修建的。整个走马楼建造的恢宏典雅，不落俗套，在当时既能彰显胡氏家族的不凡身份地位，又能保有徽派艺术深刻的文化精髓。

现今保存在古村镇里的走马楼，是依据当年兴建时的布局重新进行修复的，并与其相邻的七哲祠遗迹一起，共同成为一个旅游景点。走马楼的整体

结构共分为上下两层，楼体粉墙黛瓦，飞檐翘角，既庄重又古朴，可以窥想当年的繁华。在走马楼的楼下有一座黟县青石铺就的单孔石拱桥，名为梧赓古桥。古桥之下，西溪流水潆绕走马楼，穿桥而过，在此处可以领略到"西递八景"之一的"梧桥夜月"美景。

七忠祠的历史要比走马楼的历史更为久远。祠堂坐落在村西的梧赓桥边，据说是为了纪念宋元年间明经胡氏的七位经学名家所修建的，在一定程度上，七经祠已经不是一般意义的祠堂，而有了表彰先贤的意味。据说，胡氏的后人中，只有那些进士及第的族人，死后才可以进这座祠堂。

在明清两代，西递村共建有34座祠堂，其中著名的还有明经祠堂。明经祠本来是胡氏家族的公祠，最开始叫本始堂，初建于清朝乾隆五十三年（1788年）。明经祠门额上书有"明经胡氏宗祠"几个大字，据说是当时权倾

走马楼

供奉着胡氏先祖的追慕堂

一时的户部尚书、歙县人曹文埴所题写。据说原先在祠堂的台阶下有一对石狮子，这石狮子建造得比人还高，无形中增加了这座祠堂的庄重威严之感。明经祠是一座典型的门楼翘角式的建筑，用八字砖雕刻着门墙，在祠堂的廊前设有三元门，次三元门与祠堂大门口的三元门呈现遥遥相对之势。旧时每逢庆典，胡氏族人便在明经祠处张灯结彩，那时六门齐开，层落之间很是富丽堂皇，只是今日已难再见当时的盛景。

在西递还有另一个著名的祠堂名叫追慕堂，曾经的徽商首富胡贯三和西递著名的文人胡积堂，都是出自于这一祠。追慕堂屋顶为飞檐翘角，八字形大门楼为两块完整的打磨光滑的黟县大理石雕制而成，精美壮观堪称当地一绝，檐下三元门外设有木栏，整体建筑风格独特，极为精美壮观。追慕堂的石狮子也是十分壮大，由于祠堂两边都是以高屋作为衬托，白色屋墙的高耸，旧日巷道幽深，使它越发显现出了恢宏博大之势。在祠堂后厅的享堂之中还供奉着唐朝皇帝李世民的画像，这也是胡氏族人用来追慕自己的先祖，使后人牢牢记住自己的本源。

西递村现存最大的祠堂敬爱堂是一座宗祠，原为西递胡氏十四世祖仕亨公住宅，始建于明万历年间，后毁于火。清乾隆年间重建时，因胡氏子孙繁衍，渐趋旺盛，遂扩建为宗祠，面积达1800多平方米。溪水绕此堂流过。敬爱堂现辟为"西递民俗展览馆"。

知识链接

古代的祠堂文化

在中国古代封建社会里，人们很注重家族观念，往往一个村落就生活着同姓的一个家族或者几个家族，这些家族都会建立自己的家庙或者宗祠用来祭祀祖先或先贤。当然这些祠堂也是同族中各房子孙平时办理婚、丧、寿、喜等事的活动场地。更是族亲们为了商议族内的重要事务的聚会场所。祠堂最早出现于汉代，当时祠堂都建于墓所，被称为墓祠，从南宋的朱熹首开立祠堂之制后，从此家庙也被称为祠堂。当时修建祠堂有等级之限，民间不得立祠。到明代嘉靖"许民间皆联宗立庙"，后来皇族或封侯过的姓氏将自己的宗祠称为"家庙"，而民间百姓则称宗祠。

在西递除了要游览那些古朴的祠堂之外，还有很多带着人文色彩的民居建筑需要去了解和认识，西递的旷古斋、桃李园、西园、东园、大夫第以及绣楼等古遗迹就是其中最富盛名的。

在西递的村口沿着青石板路一路前行就会到达"旷古斋"。"旷古斋"堂

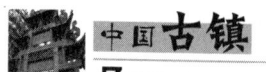

桃李园内景

名系今人给取的,寓广博古徽文化之意,由当代著名书法家刘炳森手书。旷古斋堂前两侧厢房陈设古香古色,左为书房,内悬陶渊明《桃花源记》字画横轴,书案上有文房四宝;右为居室,家具上薄敷轻尘,古老彩绘雕花木床,静置一隅,怀对昔日主人的迷茫追忆。旷古斋建于清康熙年间,是一幢清朝时期典型的徽派庭院式的私家宅院。斋内的砖、木、石三雕都基本保持原样,正厅堂前摆放有西递古村落全景大沙盘,形象地再现了古村落的整个布局和山形地貌。

在西递的横街上还依次有瑞玉庭、桃李园、西园、东园,大夫第等民居建筑。瑞玉庭位于横路街口,是一座具有代表性的徽商住宅。由商人胡时虎始建于清咸丰年间,至今已有一百多年的历史。瑞玉庭古宅为前后背向三间二楼建筑,从上而下整体看来似"商"字形状。

出瑞玉庭前行数步，便是西递另一处著名的古民居"桃李园"。据史料记载桃李园建于清朝的咸丰四年（1854年），整个建筑是由正屋与庭院共同组成，是西递徽商胡元熙的旧居兼私塾蒙馆。正屋整体是三间三进二楼的结构，整体的木雕楼裙嵌着"福、禄、寿、喜"四个大字，风格别致风雅。宅居内有一处很有名的内建筑，被称为绣楼，又名"彩楼"，建于清康熙三十年（1691年）。绣楼为一小巧玲珑、古朴典雅的亭阁式建筑，悬空挑出，檐角飞翘，三面有栏杆、排窗，显得突兀和别致。

位于中路横街之上的西园建于清朝道光年间（1824年），距今已经有190多年的历史，它是河南开封知府四品官胡文照的私宅。整个西园是徽州古民居中一所较为典型的徽派园林式建筑，其妙绝之处在于房屋的整体与庭院呼应，庭院与自然贯通，成为一处集自然与建筑完美统一的典范。

知识链接

趣享古楹联

安徽古村镇西递以古民居、古楹联、传世的"三雕"艺术而为世人称道，并最终赢得"中国传统文化缩影""东方文化明珠""中国明清民居博物馆"等诸多褒赞，成为了中国著名的历史古镇，位列世界古文化遗产，西递的这些传世艺术也正是这个城市本身的魅力所在。

游览西递古村镇，所有的人都会为古朴典雅、风格迥异的古建筑所倾倒，为载体多样、技艺精巧的古雕刻所惊叹，不得不为内涵丰邃、艺术高超的古楹联所折服。

西递古楹联正是这种瑰宝当中最亮丽的一块，它存量多、品位高、教

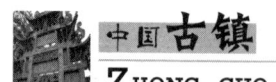

化深、书法美、刻技精等，是其他古村落难以相比的。它用通俗的语言文字、深邃的思想境地和生动的艺术手法，把中国传统文化理念浓缩成警语格言，供子孙后辈能朝夕相见并世代受益。

西递古楹联艺术最大限度地体现了中华传统美德。作为中华民族文化的重要组成部分的传统道德修养观念，特别是以强调"忠、信、孝、悌、礼、义、廉、耻"行为准则和培养"知、仁、勇"兼备的健全人格为主要内容的宋明程朱理学思想，虽然带有很大的历史局限性，但数千年来成为了维系中华民族的精神纽带，至今仍对中华民族乃至世界产生教化、激励、凝聚等积极作用。

牌坊之乡——歙县棠樾

棠樾位于歙县城西6000米处，以东西走向长达千米的石板为主街，向南向北又有众多小街，古祠、占亭、古牌坊、古民居星罗棋布，点缀其间。明清两代，棠樾徽商崛起，人文荟萃，出了很多名儒显宦。他们在家乡祭祖先、建祠堂、修牌坊，在棠樾形成了独具特色的古牌坊群，棠樾因此被誉为"牌坊之乡"。

棠樾从宋以前，就有鲍、汪、董、姚、张等姓居住。棠樾又有上下之分，大体说自村西软桥头、大母场溪岸向东到鄣山公墓、牌楼塘一带称"上棠樾"，自此以下为"下棠樾"。村名"棠樾"二字，来源于《诗经甘棠》篇周贤吕台伯的故事。台伯推行文王政令，深入民间在一棵甘棠树下办公，甚得民心，后人特意保护那棵甘棠，让它枝叶茂盛，清荫满地。因而把"棠阴"一词喻为"德政"，棠樾的"樾"字，即指树荫而言。后来也有人将村名写

安徽歙县棠樾牌坊群

作"唐越"。唐是指唐代,越是指"越国公"。这是为了纪念隋末鲍安国佐助他的妻舅汪华起义保卫六州,唐太宗封汪华为越国公、忠烈王。百姓将汪华奉为神灵,村村建汪王庙,香火不断,所以才有了"唐越"这个村名。

棠樾明时隶属直隶省徽州府新安卫、衮绣乡,清明隶属大和社、慈孝里,民国时隶属歙县丰山乡、棠槐保,新中国成立后属富竭乡,现属郑村镇。

南宋建炎年间,在徽州府任"文学"职官的鲍荣,他看到棠樾环境很好,便在棠樾村坪头建了一所别墅——掌书园,生前还把早逝的妻子、孺人葬在园内,即今村中之鲍氏始祖墓园,到了荣的曾孙居美,才将全家从徽州府西门河西搬到棠樾来,开始了规模宏远的村业,经过数十年的惨淡经营,到元代至正年间(1341—1368年)棠樾村中生产、生活设施都有了良好的基础。

元代学者鲍元康在村北龙山建慈孝堂,供奉宋末元初鲍宗岩、寿孙父子,表彰《宋史·孝义篇》鲍氏父子遇盗争死事迹。堂有多进,相当于家庙,这是棠樾鲍氏第一座祠堂。元代村中的建筑,主要围绕始祖墓园而建。现可考的,有墓西的"慈孝之母",墓北的鲍同仁蒙古文状元坊,墓东的大和社、西畴书院等。

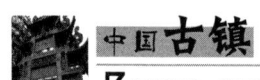

元、明之际，棠樾村人进行了大规模的水系改造，棠樾将来自灵山之水分为两条，一条自东山、槐塘而来，过村北流入模路塘；另一条去村西沿灵山山脉至西沙溪，此为村中主要水源。至正年间，鲍佰源倡导族人截流筑成"大姆坝"，灌溉田600余亩，确保了棠樾农田旱涝保收，同时引水入村，沿村南环绕如带。又引模路塘水绕村东两股水去骢步亭汇合，潺潺流至七星墩义善亭（现已毁）水口。明永乐十八年（1420年）对大姆坝重建，并在大姆坝下掘出了一连串的山塘水库，作为调节，村西北山上的德公塘是一个周遭用条石砌筑成的大水库，保证了大旱时村中的农用水。

棠樾共有七座牌坊，连成一线，以"忠、孝、节、义"石牌坊为核心，由两边向中间依次排列，呈半弧形展开。七座牌坊凝聚了古徽州传统的伦理道德、宗法思想。棠樾牌坊令世人惊叹的不仅在于其精美的石雕艺术，还在于建筑风格的独特及构造的巧妙。这些石头牌坊在建筑时不用上钉或铆，也没有用钢筋水泥来连接，只是将石头与石头巧妙衔合就屹立百年而不倒。

祠堂，是中国人祭祀祖宗或先贤的庙堂。棠樾的牌坊群旁有两座祠堂，一为鲍氏敦本堂祠，俗称"男祠"；一为鲍氏妣祠，又名清懿堂，俗称"女祠"。

敦本堂又称"鲍氏支祠"，坐北朝南，整个祠堂的结构简洁明了，银杏为柱，樟木作梁，砖、木、石雕丰富而洗练不繁，处处透露出儒家的人生哲理和文化内涵，显示着不偏不倚的"中和"之美。

清懿堂是全国唯一的女祠，又称"鲍氏妣祠"，建造于清嘉庆初年。祠堂作为封建宗法制度的产物，一向是男人们决议族中大事、惩罚违背族规者和供奉祖宗牌位祭祀的地方。在男尊女卑的时代，女性均与祠堂无缘，名字不能列入宗谱，女性祖先在祠堂里也没有牌位。唯独清懿堂打破先例，专为女性而建，女性不但可以入祠祭祀，共商女性大事，堂内还立有女性祖先的牌位。祠堂坐南朝北，整个祠堂结构紧凑，造型流畅，端庄而不刻板。尤其是门厅外的八字墙，满饰砖雕，玲珑剔透，被誉为古徽州祠堂砖雕之最。

棠樾鲍家花园，原为清代乾隆、嘉庆年间著名的徽商鲍启运的私家花园。

花园以徽商私家园林为背景，以徽派盆景为主题，汇集徽派盆景艺术精华，同时荟萃了国内各流派盆景的代表作品，是一个品位较高的盆景观赏基地。该园占地约24公顷，园内盆景品类俱全，形式多样，玲珑活泼，意趣横生。

知识链接

山东省桓台县新城镇

新城镇位于桓台县西部，地处桓台、邹平两县交界处。东距县城15公里，南距淄博中心市区25公里。面积44.55平方公里，耕地2666公顷，辖40个行政村，人口3.8万。

春秋时期，新城一带是齐国的范围。齐桓公爱好游猎，常从临淄来此游观射猎，并建戏马高台，隶属高苑地，后为武强、长山二县地。

元太祖九年（1214年），山东东路兵马副元帅邑人张贵，组织流民绕台掘土筑城，名"新城"。

元太祖二十二年（1228年）始割长山县东部、高苑南部、临淄县西部建新城县。1914年1月，易名耏水县；4月，因境内古有齐桓公戏马台而改为桓台县。1950年4月县城迁至索镇。1958年12月成立桓城公社。1982年4月更名为新城公社。1984年改为新城镇，新城镇是新型的商贸重镇，拥有山东省十大专业市场之一的新城五金市场，同时也是古老的历史文化名城，清代诗坛领袖王渔洋的故乡。目前，新城镇存有忠勤祠、王渔洋故居、四世宫保坊等反映明清时代风格的典型建筑和齐桓公戏马台、北极庙、钟楼、新城文庙、常平仓等历史名胜遗迹。四世宫保坊是国家级重点历史保护文物，被誉为"华夏第一砖坊"，新城镇被评为"省级历史文化名镇"。

第五节
江西古镇

江西省地理位置独特，赣北与安徽接壤，所以这里的古镇民居多为徽派建筑。赣中地区古镇民居属于典型的赣式建筑。而赣南地区由于与福建相邻，古镇建筑则以客家民居为代表。

世界瓷都——江西景德镇

景德镇坐落在江西省东北部，素有"江南雄镇"之称。镇上制瓷历史悠久，瓷器质地精良，是中外著名的瓷都。

景德镇域春秋时属楚东境，秦为九江郡番县地，汉属豫章郡鄱阳县，东晋称新平镇。唐武德四年（621年）置新平县，新平镇属之，以在昌江之南，又称昌南镇。唐武德八年撤县，开元四年（716年）复置，治所在新昌江口，故称新昌县。天宝元年（742年）改名浮梁。镇先后隶于新昌、浮梁县。宋真宗景德元年（1004年）因镇产青白瓷质地优良，遂以皇帝年号为名置景德镇，沿用至今。元代，浮梁县一度升为州，镇属州。明代州又改称为县，此后景德镇在行政上一直属县辖区。

清乾隆之后，由于各种社会原因，景瓷生产从巅峰走向下坡路，产量、

景德镇古窑

器质、品种、造型等都呈明显萎缩状态。特别是鸦片战争之后，战事频繁，政局动荡，外贸入侵，市场缩小，景瓷生产也受到严重摧残。延续500多年之久的御器厂也寿终正寝。1916年，浮梁县治从旧城（今浮梁县）迁至景德镇。1927至1929年景德镇曾一度建市，称景德市。1930至1934年中国共产党曾在景德镇建立苏维埃政权和组织。1935年，江西省第五行政区督察专员公署从鄱阳县迁至景德镇，景德镇成为赣东北政治、经济、文化、军事的中心。抗日战争爆发后，中国共产党于1938年在景德镇设新四军办事处，北部山区的瑶里设有留守处。

1953年6月，景德镇市为江西省辖市。2009年，景德镇市辖乐平市、浮梁县和珠山、昌江两区。

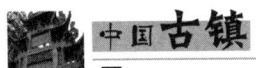

景德镇与陶瓷相得益彰

　　景德镇从汉代开始烧制陶器，东晋始制瓷器，距今已有1600多年的历史。景德镇瓷器造型优美、品种繁多、装饰丰富、风格独特，以"白如玉，明如镜，薄如纸，声如磬"的独特风格蜚声海内外。青花瓷、玲珑瓷、粉彩瓷、颜色釉瓷，合称景德镇四大传统名瓷。薄胎瓷人称为神奇珍品，雕塑瓷为中国传统工艺美术品。

　　景德镇御窑遗址博物馆位于原御窑厂遗址内。御窑厂是明清时期专为宫廷生产御用瓷器的所在地，始建于1369年。它是我国历史上烧造时间最长、规模最大、工艺最为精湛的官办瓷厂，海内外拍卖价格最高的瓷器大多出于此。

　　瑶里镇可以说是景德镇瓷业的起源地，景德镇瓷器的主要原料——高岭土就产于瑶里附近的高岭山。瑶里古名"窑里"，正是因瓷而得名，远在唐代中叶，这里就有生产陶瓷的手工业作坊。

知识链接

"留人茶"与"起手茶"

景德镇自古以一瓷二茶闻名，在长期形成的瓷业习俗中，瓷与茶也紧密联系在一起。

旧时，景德镇制瓷做坯分圆器和琢器。圆器是指瓷器器型为圆形的，如盘、碗、杯、碟等；琢器是指不能完全依靠陶车制成的瓷器，如瓶、缸、钵、盆、汤匙、镶器等。琢器坯房工人生活最苦，工作得不到保障。老板也想出一套决定第二年工人去留的办法：每年年底（即农历十二月间），老板要请留下的工人去喝茶，没被请去喝茶的工人，就意味着第二年被辞退失业，所以，后来就把老板年底请去喝茶的茶叫作"留人茶"。

过去陶瓷行业开工生产叫"起手"，开工后不久，约在4月份，老板要请工人喝一次"起手茶"，或吃"起手面"，要求工人拼命干活。"留人茶""起手茶"不知是哪朝哪代开始用来约束瓷业工人的，但它却在陶瓷行业中约定俗成形成了定规。

古镇古风古韵——婺源江湾镇

江湾古镇位于江西省婺源县城东20公里处，地处一片三山环抱的河谷地带。江湾始建于隋末唐初，最初有人家在江湾河湾处聚居，始称"云湾"，北宋时期改称"江湾"。自唐以来，江湾便是婺源通往皖、浙、赣三省的交通要塞，为婺源东大门。这里山水环绕，风光旖旎，文风鼎盛，群贤辈出，孕育了明代隆庆年间户部侍郎江一麟、明代工部主事江宏晚、明代朝廷太医江一道、清代著名经学家与音韵学家江永、清代户部主事江桂高、清末著名教育家与佛学家江谦等一大批学士名流；村人著述多达92部，其中15部161卷被列入《四库全书》；任七品以上仕宦者25人，是当之无愧的婺源"书乡"代表。村中至今还保存着三省堂、敦崇堂、培心堂、滕家老屋等一大批徽派古建筑和江永纪念馆、南关亭、东和门、徒戎桥、水坝井等景点。其中"仙人桥"是古人实践风水理论的杰出典范，"北斗七星井"体现了"天地人合一"的中国风水学最高原则。南侧梨园河呈太极图"S"形，古村古风古韵，极具历史价值和观赏价值。

　　江湾镇拥有丰富的历史文物，婺源四大著名古建，江湾独有其二。

婺源江湾

萧江大宗祠

一是江湾祠堂即萧江宗祠，砖雕、木雕、石雕形态逼真，富于清丽高雅的建筑艺术。萧江宗祠又名"永思祠"，始建于明朝万历六年（1578年），以其建筑规模宏大、雕刻精美、建筑材料考究而著称。据史料记载，北宋神宗元丰二年（1079年），萧氏一族为避难迁到云湾，改为江姓，"萧江"子孙逐渐繁衍成云湾的巨族，于是把地名改成"江湾"。作为婺源最大的宗祠，萧江宗祠占地面积达2400平方米，是一组坐北朝南的徽派建筑，分前院、前堂、中堂、后堂四进。前院为宽敞花园，设有半月形莲花池，前堂、中堂和后堂的建筑巧饰雕琢，各具特色。

二是汪口"曲尺堰"，清代著名学者江永设计。"曲尺堰"位于梨园河下游，江湾西8公里的汪口。此处两河交汇，水流湍急、回旋凶险，为了平缓流速，提高水位灌溉农田，江永亲自设计建造了一座拦河坝，坝体的砌筑方法采用了独特的片石直立修筑法，坚固无比。历经200余年，完好无损，素

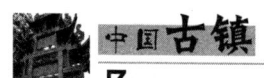

有江湾"都江堰"之称。

培心堂是江湾镇一栋清代徽商建筑，具有徽州民居的典型特征，共有三进，前进店面，中间住宅，后进厨房，培心堂门楣上写着"乐山安宅"四个字，取自孔子所说"仁者乐山，智者乐水"之意，体现了徽商的经商道德理念。穿过门厅，是一个正方形的小院，小院南墙下是一道端庄秀雅的砖雕石库门楼，各种花卉、人物、鸟兽的砖雕吉祥图案栩栩如生。正厅宽阔高大，前有天井，东墙开有花窗，上方悬挂"培心堂"匾，置身其中，令人倍感幽静典雅。

第六节 福建名镇

永泰的南大门——永泰县嵩口镇

嵩口镇位于福建省福州市永泰县西南部，是永泰西南地区经济文化交通的中心。总面积257.6平方公里，总人口3.26万。

嵩口镇早在新时器时代就有古越先民活动。元至正年间设濑门巡检署，明初治所移到嵩口，俗称"嵩口司"，当地至今流传"嵩口司铁印直行"的传说。1916年，这里成立了全省首家乡级商会；民国1926年自行发行纸币，

第二章 华东古镇

嵩口镇

设税卡和鸦片专卖局；民国 1938 年设镇。嵩口早在南宋时就发展成小集市，元明时商业繁荣，并形成农历每月初一、十五的赶墟习俗，成为远近闻名的客流、货流、物流集散地。

嵩口镇境内山峦起伏，峰谷相间，地势险峻。东面的鲤鱼上天（山名），海拔 1533 米，东南面的乌石山海拔 887 米，西面的白岩尖海拔 1608 米，南面的东湖尖海拔 1681 米，为嵩口镇也是永泰县的最高峰。嵩口自古即被称之为永泰的南大门。1949 年 8 月 2 日，南下的中国人民解放军即由此挥师东进，解放县城，挺进福州。

嵩口镇仍保留相对完整的明清建筑群。仅在嵩口镇区，60 多座明清时期古民居仍保存完好。而在嵩口各村，保存完好的明清古民居达百座以上。古

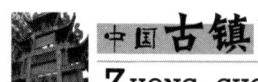

建筑专家和文物专家称赞嵩口古民居"品种之多，数量之众，保存之好，艺术之高，堪称奇迹"。

永泰嵩口古镇民俗博物馆于 2013 年 1 月 29 日正式开馆，古石槽、古瓷缸、土砻、辗饼等各式各样的民俗和农耕物件近 600 件展品与观众见面。博物馆位于嵩口直街，占地面积 646 平方米，建筑面积 420 平方米，总投资约 230 万元。按照修旧如旧的仿古风格将原医药公司进行设计装修，陈列农耕物品、嵩口古镇珍贵历史文物和相关文物、民俗等摄影作品，突出农耕文明、古镇历史风貌以及乡土特色文化等主题。

玉屏山下好风光——顺昌县元坑镇

元坑镇地处福建省顺昌县西南部，西邻三明市将乐县，东西宽 16 公里，南北长 23 公里，总面积 169.9 平方公里。2010 年，获住房和城乡建设部、国家文物局授予第五批"中国历史文化名镇"荣誉称号。

镇政府所在地坐落在风景秀丽的玉屏山下，其周围有 9 个自然村，村子集中地势平坦，四周环山似坑，古称园坑，后以"元"音代替，称为元坑。解放前至解放后的 1958 年为顺昌县四区，1959 年改为公社建制，1984 年改为元坑乡人民政府，1992 年 8 月经省民政厅批准撤乡设镇至今。

"登西岭瞻霁雪辉映王蓉绵帐行看麦浪长青年书大有，卧东山听松琴韵流十里澄潭会见桃枝唱彩人乐升平"这一名联十分精辟地概括元坑的现有名胜风景古民居、古建筑。

元坑镇辖有谟武、槎溪、洋坊、宝庄等 13 个行政村。其中谟武村的谟武文苑共设有六室、两展、两校、一亭、一园等文娱、休闲场所。其中设有立雪堂、二贤堂、立雪亭、晦翁书斋和廖刚文化研究会。陈列有石器时代以及宋、元、明、清以来的各种文物，其中有游酢庙铁铸钟、朱子祠碑、明代木雕龙舟头、清代护林碑及五位历史名人的家传族谱。

据《顺昌县志》记载"先有'漠布（现谟武）'才有'顺昌'"，金溪贯穿元坑境内，明、清时期是入闽的重要水运通道之一，繁忙的水上运输使元坑成为当时商贸中心，出现了福丰村的"朱百万"、蛟溪村的"陈百万"、槎溪村的"张广拥"以及秀水村的"吴百万"和"张百万"等大批富贾，他们大兴土木，留下了大批豪宅，他们的后人为纪念先祖把豪宅改成祠堂。仅现存祠堂就有吴氏、蔡氏、朱氏、张氏、邓氏、陈氏、叶氏等祠堂，其中占地面积最大、约5000平方米的萧氏祠堂在民国初期改建为镇、区办公所，迄今仅遗留祠堂大门。如今保存较完好的大祠堂有九村的蔡氏、朱氏祠堂和秀水村的吴氏祠堂，这些祠堂大都建于清嘉庆年间（1796—1820年），距今已有

朱氏祠堂

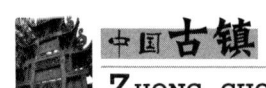

200多年历史。

陈氏旧宅俗称三大栋。坐落在该镇东郊村东面，坐北朝南，东本横向并列四大建筑，均为四进庭院，整个建筑群占地面积约2866.72平方米，建筑面积约2335.42平方米，据说该建筑群用三年时间始建完成，具有地方建筑特色，是顺昌第一大清代古建筑群。

肖氏旧宅也称三大栋。坐落在丰镇福丰村中央，坐东南朝西北，横向并列三大建筑，均为六进庭院，整个建筑群占地面积2019.54平方米，建筑面积1880.61平方米。该建筑保留着清代建筑风格和地方建筑特色，是顺昌第二大清代古建筑群。

陈氏与肖氏均为世家大族，其建筑群都具有建筑规模大、技术高、布局合理的特色。

登云桥又称云衢桥。是清代石拱廊屋桥，该桥坐落在元坑镇通往曲村村公路边，始建于元至正年间（1331年），明正德六年（1511年）桥重建，后经几次大修缮。

红星桥又称槎溪桥，始建于明清时期，是井叠式木梁廊屋桥，属木石结构的桥梁，是在石桥墩面用圆木井式平铺叠涩，再平放梁木，在桥面上盖廊屋。

知识链接

客家古镇——福建龙岩长汀

福建省简称"闽"，位于中国东南沿海，气候温和，雨量充沛，森林覆盖率居全国首位。公元前221年，秦置闽中郡，从此福建作为一个行政区出现在中国的版图上。福建自古就有各民族定居，由于战乱等原因，大批的客家人迁入福建，他们给福建带来了独具特色的文化。福建古镇的建筑就充分体现了这种客家文化的特点。精雕细琢的红砖白石，高大的封火墙，弯曲的屋脊，飞翘的檐角，再加上敦实厚重的客家土楼，每一处都蕴含着丰富的历史文化。

长汀县是闽、粤、赣三省的边陲要冲，是福建的边远山区，是客家首府。长汀是福建新石器文化发祥地之一，全县有200多处新石器遗址。汉代置县，唐开元二十四年（736年）建汀州，成为福建五大州之一。自盛唐到清末，长汀均为州、郡、路、府的治所。是海峡西岸经济区的重要组成部分，是著名的革命老区和国家历史文化名城，与湖南凤凰一起被国际友人路易·艾黎誉为"中国最美丽的山城之一"，融人文景观与自然景观于一体。

长汀隶属于福建省龙岩市，处于福建西部的汀江上游、武夷山脉南段，重峦叠嶂。据考古发现，早在旧石器时代，这里就有人类活动，至新石器时代，古闽族人在此繁衍生息。唐代开元二十四年（736年），置汀州，至今有近1300年的历史。长汀的原住民是闽越族人，两晋时期大批的中原士族为躲避战乱南迁到这里定居，成为最早的客家先民。到宋代，汀州已经是客家人聚居的城镇，也是客家文化的发源地。

古城墙始建于唐大历四年（769年），已有1200多年历史。初建的城墙为土筑，防御设施简单。明洪武四年（1371年），土城墙全部筑以砖石。现存的古城墙全长1500多米，以汀江为界向两边延伸至卧龙山顶，经山脉蜿蜒而下将整个县城包围，犹如一串佛珠，被称为"佛挂珠"。

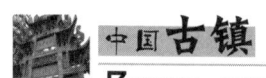

长汀古城兆征路的汀州试院旧址，始建于宋代，庭院式结构，占地万余平方米，由门楼、空坪、大堂、后厅、厢房和数幢平房组成。这里在宋代原为汀州禁军署地，明清时辟为试院，是古代汀州八县八邑科举应试秀才的场所。院内生长着两棵珍稀的唐代柏树，参天繁茂，是汀州古城的历史见证。

第二章

华中古镇

华中地区包括河南、湖南、湖北等省,以湘西古镇为主。湘西古镇多为汉族与少数民族杂居的地区,无论是建筑风格还是民风民俗都带有浓郁的少数民族特色。

第一节 湖南古镇

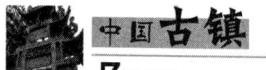

湖南省位于长江中游南岸，古称"潇湘"，地处中国东南腹地，因全省大部分地处洞庭湖以南而得名"湖南"。湖南山川秀丽，名胜古迹众多。在湘南、湘西地区，更集中有众多保存完好的古镇、古村落、古建筑。由于这些地区多是各民族杂居之地，因此在建筑上既有汉族风格，也有少数民族特色。

凤凰山下凤凰城——湘西凤凰古城

凤凰又名"沱江镇"，位于湖南省西部的湘西自治州凤凰县，紧邻沱江而建。这里自古以来一直是苗族和土家族的聚居地，以境内的凤凰山而得名。

凤凰古城始建于清康熙四十三年（1704年），历经300多年的风雨沧桑，古貌犹存。城内青石板街道、江边木结构吊脚楼，以及朝阳宫、杨家祠堂、天王庙、大成殿、万寿宫等建筑，无不具有古城特色。

凤凰古城分为新旧两个城区，老城依山傍水，清浅的沱江穿城而过，红色砂岩城墙矗立在岸边。北城门下宽宽的河面上横着一条窄窄的木桥，以石为墩，两人对面要侧身而过，这里曾是当年出城的唯一通道。

第三章 华中古镇

湖南凤凰古城

凤凰古城在明代时为五寨长官司治所，建有土城。明嘉靖三十五年（1556年），土城改建为砖城，开设四大门，各建城楼。到了清朝，古城的军事地位日显重要，古城的建设也得到加强。康熙五十四年（1715年），砖城改建为石城。古城墙气势宏伟，既有军事防御作用，又有城市防洪功能，成为古城的一道坚固的屏障，虽几经战火，仍耸立于沱江河岸。古城墙北门城楼高约11米，名为"壁辉门"，采用本地产的红砂岩条石筑砌。做工考究。砌墙的紫红砂石最重的达1200斤，轻的也有几百斤，伴以糯米粥与石灰灌浆砌墙，城墙结构严密。城门呈半月拱形，有两扇铁皮包裹，其上有密密麻麻的圆头大铁钉。城楼对外一面开有两层枪眼，每层4个，能防御城门外180度平面的范围。

虹桥又名"风雨楼"，是一座桥上有楼的火石桥，始建于明洪武七年（1374年），最初是由于沱江改道留下缺口而建的。清康熙九年（1670年），虹桥重建一次，为两台两墩三孔，因桥的两个桥墩呈船形，好像雨后彩虹横卧在沱江河上，故命名为"卧虹桥"。当时桥上两侧各建有 12 间悬出桥外的吊脚楼廊房，开设有各种商店。1914 年，沱江发生特大洪水，卧虹桥受到严重创伤。后来凤凰人将此桥按原样整修，更名为"虹桥"。

杨家祠堂始建于道光十六年（1836 年），木结构四合院，上下两层，占地 770 平方米，由大门、戏台、过厅、廊房、正厅组成，呈长方形。戏台为单檐歇山顶，檐下饰如意斗拱，高 16 米，四根台柱雕龙刻凤，戏台为穿斗式，正殿为抬梁式，整个建筑做工精细，极富民族特色，属县重点文物保护单位。杨家祠堂坐落在县城东北部的古城墙边。

祠堂由大门、戏台、过亭、廊房、正厅、厢房组成，是典型的四合院建筑，

杨家祠堂

占地770平方米。戏台为单檐歇山顶，穿斗式结构，高16米，面阔7米，进深8米；檐下如玉斗拱，台柱雕龙刻凤。正殿为抬梁式建筑，山墙为猫背拱，分为一明二暗三间。两边配有厢房。杨家祠堂设计精巧，做工精细。窗户、门、檐饰件均系镂空雕花，整体建筑具有鲜明的民族特色和很高的建筑艺术价值。

万寿宫又叫江西会馆，坐落在风景秀丽的凤凰东门外沙湾，始建于明末清初，规模建筑于清乾隆二十年（1755年）。咸丰四年（1854年）江西人杨泗在西侧建遐昌阁；民国十七年（1928年）又在大门北侧建阳楼。

沱江是凤凰的母亲河，她依着城墙缓缓流淌，世世代代哺育着古城儿女。坐上乌船，听着艄公的号子，看着两岸已有百年历史的土家吊脚楼，别有一番韵味。

知识链接

凤凰八绝

一、沱江边的菜场以及在河边捣衣的女人。

二、沙湾的吊脚楼。

三、北门外沱江边上的露天餐座。

四、哺育了沈从文、黄永玉的文昌阁小学。

五、黄丝桥古城。

六、文庙、天王庙、武侯祠、文昌阁、笔架城。

七、黄永玉题字的理发店，师傅有推拿的绝活，专治落枕。

八、古戏台是当地画家的聚会地。

田园风情，美丽峡谷——吉首德夯

德夯位于吉首市西郊 20 公里处，是一个苗族的聚居地。"德夯"是苗语，意思是"美丽的峡谷"。德夯地处峡谷深处，山势跌宕，峰林重叠，山色清幽，形成了许多断崖、石壁、瀑布，风景十分优美。由于与外界交通不便，许多苗家的习俗在这里得到了很好的保存，德夯的民居建筑统一为灰瓦木屋。水辗、古渡、小舟，伴以苗家吊脚楼，一派田园风情。

德夯苗寨位于德夯风景区的核心，苗寨依山而建，千山飞瀑环抱，民居飞檐翘角，半遮半掩，封火墙、吊脚楼、雕花窗，造形奇特，格调鲜明，色彩纷呈，丰富多彩，无不显示出远古遗民的氛围。

德夯

这里居住着一群苗族百姓，民风古老淳朴。他们以歌为媒，自由恋爱。女人喜戴银饰，穿无领绣花衣；男人爱结绑腿，吹木叶。他们自己种桑养蚕，纺纱织布，手工织品巧夺天工。这里的人们沿用古老的方法榨油、造纸、碾米、织布，用筒车提水灌田。小溪河旁，成千上万大大小小的筒车，吱吱呀呀地转动，构建了一幅美丽的田园风光。

德夯村现居住有80多户人家，他们的节庆活动主要有三月三、四月八、六月六、苗年、斗牛节、姊妹节等，其中尤以苗年最为隆重。苗族的文化活动有苗歌、苗舞、抢狮、上刀梯、斗牛、赛牯牛，粗犷豪放，生动活泼。丰富多彩的民俗活动有苗家做客、拦门对歌、敬酒、苗家跳歌晚会、歌舞会、苗族鼓舞、灯火送客等30多种节目。

德夯村寨前的玉泉溪畔，有一座青石峰直指云端，人称"苗家椎牛花柱"。石柱上尖下粗，高200多米，呈方柱状，其上多生古木巨藤，可谓鬼斧神工。椎牛花柱两侧不远处有一对天然形成的"石门"，有350多米高，人称"玉泉门"。玉泉门左右都是绝壁，上面生长着许多青松、灌木。玉泉门形成于五六亿年前的地质变化，如同两扇半开半掩的门。清澈的玉泉溪从这门中流出，滑下石级，叮咚之声如拨琴弦。在玉泉门内还藏有一潭水，水色碧绿。

德夯接龙桥是一座半圆形的石拱桥，桥头两端接着由巨大青石板砌成的石板路，连起了夯峡溪两岸的苗寨。接龙桥是这里的苗民进行"接龙"活动的场所。到"接龙"那一天，桥两侧和石板路两旁都插上了彩旗，接龙队伍浩浩荡荡，充当"龙女"的主人身着盛装、头戴插花银帽走在人群中间，随后是锣鼓、长号、唢呐队伍从桥上走过，整个场面充满了浓厚的苗家乡土气息。

第二节
湖北古镇

朝秦暮楚桥头堡——郧西县上津镇

上津镇位于湖北省十堰市郧西县西北部,与陕西省山阳县交界,南依汉水,北枕秦岭,素有"朝秦暮楚"之称,地埋位置十分重要,是湖北西进的桥头堡,陕西东出的东大门。

上津地名,历史悠久,古为商国之地,春秋属晋,战国属秦,北朝西魏时建立上津县,比郧西建县早938年,历史上曾14次建县,6次设郡,2次设州,可见上津是秦楚咽喉,政治中心,军事要地。可考历史记载为三国时(262年)魏在此地首建平阳县,距今已有1700余年。保存完好且具有1700多年历史的上津古城现存铁箍云峰、长堤柳浪、天桥古洞、松山仰面、白岩云桥、仙鹤凌宵、山山叠翠、伍峪青幔等古代八大自然景观和以明清一条街为主的二十多个闻名景观。

上津古城保存完整,建于明朝永乐元年(1403年),周长1236.6米,高6.8米,设5门,面积8万平方米,城基厚度6.12米,是湖北省保留完好的古城,被列为重点文物保护单位。因城池依山傍水,四周植柳围城,故名"柳洲城"。以明清古街、两旁古建筑为主体,明清四合院建筑为辅,构成了

第三章 华中古镇

上津古城

一个规模宏大，保存完好的明清建筑群落。古街总长约1.5公里，青石街道宽3米，两旁建筑青砖黑瓦，飞檐斗拱，雕梁画栋，古朴雄浑，左右对称，高低和谐，错落有致。单个四合院一进数重，内置天井，围以小屋，雕窗临井，古色古香，风格独特，一般三四户一院，两三院一族，邻里相处，亲如一家，温馨和谐，有"千里胡洞娃，院子三四家"的美称。

破旧的城墙，斑驳的建筑，无不是历史的痕迹。

红色古镇换新颜——潜江市熊口镇

熊口，位于潜江市域中心，形成于明朝嘉靖年间，距今已有600余年的历史。熊口是块红色的土地，土地革命和抗日战争时期，这里曾是湘鄂西革命根据地和豫鄂边区革命根据地的指挥中心，贺龙、段德昌、周逸群、贺炳

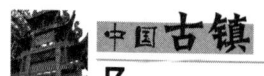

炎、廖汉生等老一辈无产阶级革命家曾在这里留下深深的战斗足迹。

明朝以前，熊口镇以南均属沼泽地区，大小湖泊星罗棋布，唯熊口镇向北有方圆几百亩陆地，经水路登陆仅这里有一港口，民间称为"湖口"。湖口住一熊姓渔民，并开有一小店，供上湖口的人歇息。时间一长，百姓及过往的人们都习惯地称这个湖口叫熊家口，后改为熊口，沿袭至今，为现熊口镇的雏形。

红军街革命遗址

明朝中期始，熊口逐渐成为沔阳、潜江等地通往沙市、江陵的必经水道，过往商贾、游人每天有千人之多，停船多达数十只。到明末，这里已有住户数十家，逐步形成了地域集贸中心。

清朝末年，这里发展形成三条主干大街，即现在的熊口街（红军街）、步行街、河街，占地面积约13万平方米。集镇上有码头、杂货、花行、杂粮行、当铺、榨坊、染坊、铁匠铺、蔑货、木条行、药铺、私塾学堂、戏楼等工商企业和文化设施。从而发展成为当地经济、文化中心及水陆交通枢纽。

民国时期，由于这里地处要道咽喉，成了兵家必争之地，战事频繁。因此，集镇规模发展缓慢。

1947—1948年，潜江县政府设在熊口镇；1949年，县政府方迁往园林镇，熊口镇则设区政府；1958年被县政府确定为县辖镇。

熊口镇的传统建筑，大部分建造于清代中晚期，其建筑保留了清代长江中游民宅的典型特点。建筑以木构为主，砖、石为辅，设有封火墙，靠门面部位的墙头上还有龙爪墙垛。从布局上讲，有四合院和连体四合院等。四合院均有阁楼，民间称转阁楼，且栏杆上雕有花鸟、动物生肖等图案，厅堂的大门叫隔门，隔门上雕有"四云伴月"和门神等图案，门前有些大户人家还有石虎、石狮等吉祥动物，天盖全用清朝布瓦，屋脊用布瓦堆砌而成，且脊头和脊中都有泥瓦匠画有较为精美的图案，有的还在门前檐用铁板搭有过街棚，这些都具有江南合院式建筑风格，同时具有江汉平原古建民居文化遗产的特点。

熊口集镇的原貌为三条主街，即红军街、步行街、河街三条小巷组成，街、巷相连，交错相通，街面全用青石板铺筑，街道两旁民宅均属大小店铺，一般房屋地面均比街道高出尺余，在高低差中间用砖砌成两坎坡，民间称其为"疆台坎"。街面的下水道均用城台砖建成，通往低洼处或河道。

保护区旧址的建筑都始建于清代，大部分是砖木结构，且保存较好。其建筑特点都保留了清代民宅建筑群的风格，具有江汉平原古民居的建筑特色。建筑布局为前铺后室，其建筑风格古朴典雅而具有南方特色。建筑旧址集中于熊口镇三条老街、巷两侧，形成了水乡园林小街的古朴韵味，具有朴素的美感和较高的艺术价值。

知识链接

楚中第一繁盛处——湖北汉口镇

汉口是中国四大名镇之一，地处长江西北、汉江以北的地域，隔长江与其东南侧的武昌相望，并汉江与其南侧的汉阳相望。历史上曾作为一个独立的汉口市存在，它是中华民国的第一个直辖市，是武汉国民政府所在地，它在清末至20世纪早期曾是仅次于上海的全国第二大城市，被誉为东方芝加哥，后与武昌、汉阳合并为今之武汉，现与武昌、汉阳并称武汉三镇。

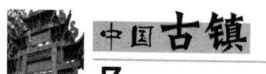

汉口其实只有500余年历史，始于明代成化年间的汉水改道。汉水原来从龟山南边注入长江，成化年间其主流则从龟山北的集家嘴注入长江。汉水改道后的低洼荒洲地带，至清嘉庆年间发展成为与河南朱仙、江西景德、广东佛山并称四大名镇之盛誉的汉口。

汉口从它形成之日起，就与商业紧密相关。直至今日，汉口只是武汉市区长江西岸汉江北岸区域"硚口，江岸，江汉三区"的统称，没有行政上的称谓了，但仍然是武汉市和中部地区的商业中心、金融中心、交通运输中心。汉正街是汉口历史上最早的中心街道，是万商云集、商品争流之地。

第三节 河南古镇

河南省地处中原，是中华文明的重要发祥地之一，保存着十分丰富的古代文化遗存。在河南各地的古镇中，民居建筑类型丰富多样，如豫东、豫北地区的四合院，豫西地区的窑洞建筑等，展现了高超的建筑技术与深厚的文化内涵。

第三章 华中古镇

水陆交通联运码头——开封朱仙镇

朱仙镇位于河南省开封市西南，自唐宋以来，一直是水陆交通要道和商埠之地。明朝时，作为开封唯一的水陆转运码头，朱仙镇迅速繁荣起来，到明末，朱仙镇已名列全国四大名镇，镇中民商有4万余户，人口达20多万。贾鲁河从镇南北穿过，把全镇分为东西两部分，河上的大石桥和二板桥又把全镇连成一体。镇内保留着不少古色古香的旧式建筑，整个集镇显得幽雅、别致。

朱仙镇岳飞庙是中国三大岳王庙之一，始建于明成化十四年（1476年）。南宋初年，名将岳飞曾率兵在此抗击金兵，大败敌将金兀术，深受后人敬仰。

岳飞庙

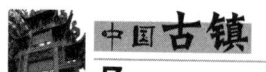

朱仙镇清真寺

　　岳飞庙坐北向南，为三进院落，外廊呈长方形，整个殿堂恢宏庄严，碑亭林立，刻绘塑铸作品丰富多彩。大殿中有岳飞及其家人的塑像供人景仰、祭拜，同时院中还有秦桧夫妇和奸臣的跪像，供人唾骂。岳飞庙历经明清两代多次整修，香火十分旺盛。

　　明清时期，一些中外的穆斯林商贾来到朱仙镇进行商品贸易，在此地修建了7座清真寺，其中的北寺（即朱仙镇清真寺）保存最完好。朱仙镇清真寺初建于北宋太宗年间，扩拓于明嘉靖十年（1531年），重修于清乾隆九年（1744年），距今已有几百年历史，整个寺院占地9000余平方米，在全国百大清真寺中，其建筑风格和装饰均属罕见。据说，岳飞大战金兵时元帅府就设在寺内，当时岳飞在寺里乘凉的槐树，被群众称为"相思槐"的国槐树，在寺里保存，寺里尚保留一座清嘉靖十年的阿拉伯文碑，记载当时朱仙镇穆斯

朱仙镇木版年画

林朝拜真主的盛况，是河南省保存最完整的阿拉伯文碑。

朱仙镇木版年画是中国四大木版年画之一，历来为国内外美术界所敬慕。朱仙镇年画起源于唐代，兴于宋代，鼎盛于明清，历史悠久，其制作采用木版与镂版相结合，水印套色，种类繁多。年画的题材和内容大多取材于历史戏剧、演义小说、神话故事和民间传说，构图饱满，线条简练，造型古朴，色彩艳丽，人物普遍头大身子小，既有喜剧效果又显得匀称，具有浓郁的乡土气息和地方色彩。

一脚踏三省——淅川荆紫关镇

荆紫关镇隶属于河南省淅川县，位于豫、鄂、陕三省结合部，素有"一脚踏三省"之称。由于地势险要，这里自古就是兵家必争的要塞和商贸繁盛之地。早在西汉时期，荆紫关即成小集，始名"草桥关"。唐朝中叶，京都长安鼎盛，南方许多物资都要通过丹江运往长安，当时，荆紫关随着航运和商业的兴盛而进一步繁华起来，逐渐形成集镇，称为"荆子关"。清朝时期，荆子关的河运空前繁荣，码头每天停泊各类船只百余艘。荆子关成为方圆百里的货物集散中心，各地的商人云集于此。民国初年，为取"紫气东来"的吉祥含义，荆子关被改为"荆紫关"，沿用至今。

荆紫关镇

第三章 华中古镇

平浪宫

明、清时期是荆紫关的黄金时代，沿江码头，船舸弥津。江东沿海日杂百货，秦岭伏牛山间土特产亦多在此地集散。逐成为豫、鄂、陕附近7省商贾云集之地。曾出现"三大公司、八大帮会、十大骡马店和二十四大商号"的繁荣景象。现存古代建筑有：荆紫关古街道、关门、山陕会馆、禹王宫、平浪宫、万寿宫、法海寺、清真寺、一脚踏三省碑亭等，为全国重点文物保护单位。

镇中保存完好的"清代一条街"是中国北方目前保存最完好的古街之一。该街分为南、中、北三街，每一条街都是直街，街与街之间有斜弯相连，古老的街道被山水环拱，融合了南北建筑风格，显得古朴而独特。长约2500米的古街道两旁，现存700余间清代建筑，基本维持原貌。街道上的房舍，一般临街的部分是当铺的门面房，房门由漆成黑色的一块块木板组成，白天抽下、夜晚装上，十分方便。里面多是两到三进的小院，可以容纳一家三代、

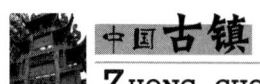

四代居住。每一个院落门面房两侧的前坡部有一米多长的"防火墙",可在邻家发生火灾时隔绝蔓延的火势。古街的居民在防火墙上加以彩绘和雕刻,使之不仅成为房屋防火设施,更作为一种装饰构件。

平浪宫是荆紫关古建筑群中较为壮观的一座,建于清崇德三年(1638年)。当年在荆紫关码头极盛时期,船商们组建船帮,取"风平浪静"之意,筹建了平浪宫,成为船工娱乐、集会之地。该宫坐东向西,中轴线上现存大门楼、中宫、后宫及配房数间,另有钟鼓楼各一座,建筑风格富有陕南特色。

知识链接

荆紫关镇名由来

关于荆紫关镇名的由来有两种说法:

第一种:公元前304年,此地属于楚国管辖,楚王派太子荆来镇守此地,于是此地就取名叫"荆子口",后演变为荆紫关。

第二种:西汉时,该地丹江河上有座木结构桥梁,人称此地"草桥关";南宋时,因该地荆花遍野,荆籽遍地,改称"荆籽关"。明代为荆籽关口,清代为荆子关,民国初改称荆紫关,以荆花为紫色象征吉祥之意。

在荆紫关镇的月亮湾,有一个两山对峙的关口。关口外,是八百里秦川,关口内,是开阔的中原。古时,咆哮的丹江与狭窄的古道在这里共同构筑起一个"一夫当关,万夫莫开"的隘口。这个隘口,就是荆紫关之"关"的来历。

第四章

华北与华南古镇

　　华北地区从明清以来就是封建王朝都城所在地,因此华北的古镇建筑大都气势威严、高大宏伟,于粗犷中不失细腻,彰显出四平八稳的姿态,处处以礼为本。

　　华南地区的古镇有着鲜明的地方特色和个性特征,蕴含着丰富的文化内涵,除了注重其实用功能外,更注重自身的空间形式、艺术风格、民族传统以及与周围环境的协调。

第一节
山西古镇

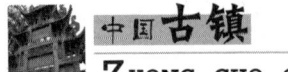

　　山西省是中华民族的发祥地之一，早在250万年以前，这里就已经有了最早的原始人类。山西地区由于是中原与北方游牧民族的交界地带，自古地位举足轻重。明清时期，山西商人崛起，到清朝中晚期更占据了全国金融界的领导地位。在晋中地区的古镇，至今仍保存着不少当年晋商留下的深宅大院，体现了晋商的雄厚实力，而且处处蕴含着传统封建礼教的意义。

古代城镇建筑的杰出范例——晋中平遥

　　平遥古城是中国境内保存最为完整的一座古代县城，是中国汉民族城市在明清时期的杰出范例。在中国历史的发展中，为人们展示了一幅非同寻常的文化、社会、经济及宗教发展的完整画卷。

　　平遥始建于西周，至今已有2800年的历史，是一座完全按照中国汉族传统规划思想和布局设计修建的城镇。1997年，平遥被联合国教科文组织列为世界文化遗产。

　　平遥古城共有四大街、八小街、七十二道窄巷，是由完整的古民居、古城墙、古街巷、古庙宇组成的大型古建筑群，基本保持了明清时期的民居风貌。

第四章 华北与华南古镇

平遥楼阁

明朝初年，为防御外族，平遥始建城墙。清康熙四十三年（1704年），因康熙皇帝西巡路经平遥，城墙遂又加筑了四面大城楼，更加壮观。鸟瞰平遥古城，平面方形的城墙形如龟状，城门六座，南北各一，东西各二。城池南门为龟首，门外两眼水井象征龟的双目。北城门为龟尾，是全城的最低处，城内所有积水都要经此流出。乌龟属长寿的动物，在古人心目中如同神灵，当地人希冀借龟神之力，使平遥古城坚如磐石、永世长存。

平遥县堪称文物宝库，旅游胜地。名胜古迹星罗棋布，举目皆是。已发现的地上地下遗址、遗迹、古建筑达300余处，国家、省、县三级重点文物保护单位共有99处，其中国家级3处，省级6处，县级90处，组成了一个以古城池为主体的古文物群，吸引着国内外众多游客。

始建于西周、扩建重筑于明洪武三年（1370年）的平遥古城墙，上筑垛口3000个，敌楼72座，象征孔子的三千弟子、七十二贤人，气势恢宏，雄伟壮观，列全国至今保存最完整的4座古城之首，为山西省十佳旅游景点之一。

双林寺原名"中都寺"，始建于南北朝时期，北宋时期改名双林寺。明代

山西平遥古城墙管理处的古代车辆

及清道光、宣统年间，该寺都有过较大的修葺。寺院规模宏大，殿内现存宋、元、明、清时期的大小彩塑 2052 尊，包括佛、观音、金刚、罗汉、百姓等塑像，每座都形神兼备、生动传神，是难得的古代艺术珍品，被誉为"东方彩塑艺术宝库"，被联合国人类居住中心专家称为"世界珍宝"和"真正的、独一无二的珍宝"。

北汉建筑镇国寺（原名京城寺），寺内古建筑以万佛殿为奇，是全国现存最古老的木构建筑精品之一。殿内彩塑作品，是全国寺观庙堂中至今罕见的五代作品，颇具晚唐风格，至为珍贵，对于研究中国雕塑发展史和唐、宋两代雕塑演进过程，提供了极为可贵的资料。

另外，还有全国各地孔庙中唯一的金代建筑文庙大成殿；重建于金代的冀郭村慈相寺及高耸入云的麓台塔；重建于元、明时期的道教建筑清虚观，内有"悬梁吊柱"、结构奇特的龙虎殿；重建于清代、雄踞全城中央的的古市楼；元代始建的金庄文庙，殿内有孔子及其儒家门徒"四配""十哲"彩塑珍品。众多的文物名胜，虽经历代沧桑岁月，然史迹昭然，至今不衰。无愧联合国人居中心专家杰伊·穆尔和斯托潘诺夫考察平遥时所说："平遥是世界上为数不多的人类文明的瑰宝"，"平遥古城不仅是中国的文化遗产，而且也是全人类的财富，应当全面保护。"

平遥城隍庙是一座年代久远、宗教规制齐全的官祀道教庙宇，位于古城东侧。其始创于明初，在清同治三年（1864年）得以重修。城隍庙现存建筑属于清代规制，庙院宏大，布局完整，整个建筑群坐北朝南，前后四进院落，由城隍庙、财神庙、灶君庙，以及真武楼等组成。总体布局既有寺庙建筑的特色，又有官署建筑的意趣。

票号是清代出现的一种私人金融机构，专营银钱的异地汇兑和存放款业务。位于平遥古城西大街繁华地段的日升昌票号是中国第一家票号，创于1823年。由于经营灵活、注重信誉，在鼎盛时期，其年汇兑金额高达3800万两白银，经营网点几乎遍布整个中国。

日升昌票号旧址至今保存完好，共有三进院落，坐南朝北，整个院落墙高宅深，布局紧凑，设计精巧，上空架设有铁丝网，网上系有响铃，用于防盗。

平遥县衙坐落于平遥古城中心，始建于北魏，定型于元明清，保存下来最早的建筑在元至正六年（1346年），距今已有600多年的历史，整座衙署坐北朝南，呈轴对称布局，南北轴线长200多米，东西宽100多米，占地26000余平方米。平遥县衙作为中国现有保存完整的四大古衙之一，也是全国现存规模最大的县衙。县衙整个建筑群主从有序，错落有致，结构合理，是一个有

日升昌票号旧址

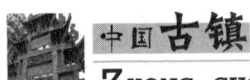

机的整体，无论从建筑布局，还是职能设置，都堪称皇宫缩影。2004年5月19日，第十一世班禅莅临县衙考察时欣然提词："平遥县衙，古衙之最"。

知识链接

平遥历史名人

平遥钟灵毓秀，人才辈出。古往今来，这块黄土地上孕育起来的一代又一代出类拔萃的人才，以其辛劳和智慧为人类文明和社会发展做出了卓越贡献。

西晋文学家孙楚，才藻卓绝，"漱石枕流"，以直言敢谏而流芳千古。东晋玄言诗人孙绰，博学善文，"掷地有声"，为敢于挺身上书而名播史册。

东晋史学家孙盛，秉笔直书，"词直理正"，以不畏权势而名扬天下。

金末元初，统兵元帅杜丰、梁瑛，百战百胜，为元朝统一大业屡建奇功。

元末明初，祖籍为本邑之刘基（伯温），清廉正直，博通经史，以奇才大略辅佐朱元璋开创明朝社稷。

清代商人雷履泰，以其超人的聪明才智和开拓精神，首创全国第一家票号——日升昌，成为中国金融史上拔乎其萃的显赫人才。

九曲黄河第一镇——临县碛口镇

碛口古镇位于吕梁市临县，地处晋陕黄河大峡谷的中段，自古就是军事要冲。在明清至民国年间，碛口凭黄河水运一跃成为北方著名的商贸重镇，

碛口古镇

享有"九曲黄河第一镇"的美誉。

　　碛口因临近黄河大同碛而得名。"碛",本意为水中的沙石,这里指黄河上因地形起伏而形成的一段段激流浅滩。大同碛位于碛口古街西南5000米的湫水河入黄河处,是秦晋峡谷间最大的一个碛。黄河进入大同碛,河面急剧收缩为百米左右,河水涌向落差约10米、长3000米的倾斜河道,水流湍急、咆哮如雷。黄河虽因大同碛而受阻,但碛口的繁荣却正是缘于大同碛。由于船筏难以通行,碛口成为黄河北干流上水运航道的中转站。鼎盛时期,碛口码头每天来往的船只有150艘之多,各类店铺300多家。镇内现存的数量丰富且保存完好的明清时期建筑,主要有货栈、票号、当铺等各类商业性建筑,还有庙宇、民居、码头等,镇上居民也保持着原始质朴的生活形态,所以碛

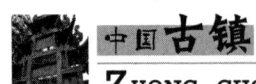

口被称为"活着的古镇"。

碛口镇卧虎山上的黑龙庙创建于明代，清雍正年间修建乐楼，道光年间再次重修，规模宏大，气势壮观。作为碛口镇的标志性建筑，黑龙庙踞于黄河边的高处，居高临下，具有一种威严的气势。历史上，当地人的祈雨活动都在这里进行，香火十分鼎盛。黑龙庙整体建筑严谨合理，左右对称，正殿内供奉着传说中负责降雨的神明黑龙大王。

李家山村是明清时期的李氏家族所建。村里民居以窑洞为主，随着山坡高低错落，窑洞前普遍有廊檐伸出，形成四合院。整个民居分布在黄土山坡上。较大的四合院建筑均以水磨砖对缝砌筑，造型风格十分考究。窑洞门窗上的砖木雅刻比比皆是，图案包括人物、山水、花鸟鱼虫、飞禽走兽等，十分精美。

知识链接

北京市密云县古北口镇

古北口镇位于密云县东北部，东邻新城子乡，南接太师屯镇，西连高岭镇，北隔长城与河北滦平县相望。

古北口是中国长城上关口之一，北京与东北地区往来的咽喉要道。古北口与居庸关东西对峙，是华北平原通往内蒙古高原的要道，自古称为雄险，有"地扼襟喉趋朔漠，天留锁钥枕雄关"之称。古北口的关城，跨于两山之上，建于明洪武十一年（1378年），并设有守御千户所。

曾经的边关军事重镇，留下了70多座庙宇及其他文物古迹，也留下了众多文人的足迹。宋嘉祐五年（1060年），欧阳修自汴京出发，直奔古北口。

登上峰顶，望长城内外，思乡之情油然而生，留下了"古关衰柳聚寒鸦，驻马城头日欲斜；犹去西楼二千里，行人到此莫思家"的诗句。从北宋开始，一批文人学士在古北口留下了诗文吟咏。根据《历代文人诗咏古北口》的载录，仅清朝皇帝乾隆为古北口所作诗歌就有53首。而在当地传说中，"古北口"之名正是乾隆皇帝给起的。

乾隆元年，乾隆帝前去热河途中经过古北口，感叹于长城内外的美景，便问刘墉此地为何名。刘墉如实回答："春秋时叫北口，北魏时叫出峡，唐时叫虎北口。"乾隆帝心想：我来来去去从此口过，怎能叫"虎北口"！于是派刘墉前去查找此地有什么古迹，终于在城南门的门楣的城砖上找到"古关"二字，又在北门的门楣的城砖上找到"北口"二字。乾隆帝便将此地改作"古北口"，流传至今。

古镇中"一纵四横"的古街，是明清商贸交易的地方。如今这里仍有明清时期的老铺面房，有石桥、三眼井和御封井等景观。当地的老人告诉我，古北口的庙宇在鼎盛时期达到108座。据史料记载，直到民国初年，这里大大小小的庙宇还有40多座。如今，能够准确追溯初建年代的庙宇有建于辽太平五年（1025年）的杨令公庙，建于明洪武十一年（1378年）的药王庙等10余座。"二步三座庙"是对古镇庙宇文化的真实写照。农历九月十四是杨令公的生日，当地百姓自发为其庆祝，逐渐形成规模盛大的民间庙会，每年吸引周边地区众多民众参加。

第二节
河北古镇

太极故里，繁华往昔——永年县广府镇

广府镇，俗称城关镇、永年城或广府城，隶属于河北省永年县，位于县城临洺关东南25公里处，为中国历史文化名镇，杨氏、武氏太极拳发源地。

广府镇，古称"曲梁"，"曲"字意为弯曲，"梁"字本意为水堤，因洺水环绕（滏阳河元代才引入永年），堤围其周而得名。可见广府自古就与水有联系，是河宽地阔的河谷地带。据记载，古代广府周围曾有洺河、漳河、滏阳河、牛尾河流过，其中洺河和滏阳河对广府的作用最大。滏阳河从广府东部和南部穿越而过，几百年来灌溉农田造福广府百姓。

广府镇，历代先后为曲梁县、广平郡、武安郡、洺州、永年县、广平路、广平府驻地。春秋时谓曲梁，距今已有2000多年的历史。隋末农民起义领袖窦建德曾在此创建大夏国，奖励农桑，拥兵坐镇，并基于战略考虑，对此城进行了修整，使它具备了城池的规模。原土城为六里十三步，元朝增为九里十三步，相当于4.5公里。明嘉靖二十一年（1542年），知府陈俎调集九县民工，历时十三年，将土城砌为砖城，城高12米、宽8米，四门筑有城楼，四角建有角楼，并有垛墙876个，其特别之处在四门之外尚建有瓮城相守，

第四章　华北与华南古镇

广平府古城

地道的关防深锁，固若金汤。

广府有很多历史遗存，如清晖书院、文庙大殿（遗址）、毛遂墓、黑龙潭、武氏故居、状元楼、太和堂等。城内面积为1.5平方公里，历史上官署棋布，庙宇半城，老街纵横，商贸云集，有三十多条街道，分四大街八小街，七十二个小拐弯，有过曾经的繁华。

建于宋元时期的弘济桥位于古城东关，和赵州桥有着相同的规模和形制，蔚为壮观，保存完好，已被列为国家级文物保护单位，并且最近在桥面石板上发现了大量古生代奥陶纪时期的角石类、三叶虫等化石，使千年古建别具了另一种文化意义上的深远和美丽。

太极拳是广府古城对全人类最大的奉献。杨氏太极拳创始人杨露禅、武氏太极拳创始人武禹襄俱为永年广府古城人。

广府古城已被公布为国家级重点文物保护单位和历史文化名城，产生在

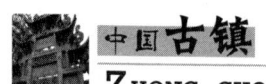

这里的杨式太极拳和武式太极拳分别被列入国家级和省级非物质文化遗产保护名录。

知识链接

多伦县多伦淖尔镇

多伦淖尔镇位于内蒙古自治区锡林郭勒盟南部,是多伦县所属镇,该镇是中共多伦县委、多伦县人民政府驻地,是全县的政治、经济、文化、教育、科学技术中心。

早在新石器时代,七湖之地就有人类居住。在中国封建王朝的历史上,这里历来是汉地农耕文明与北方草原文明冲突与融合的最前沿。公元前300年燕昭王以秦开为将,破东胡,扩地千里,筑"燕长城",至今遗迹尚存。辽太祖耶律阿保机曾在多伦选风水宝地"拜日跸林",举行盛大的祭天仪式,为大辽的兴旺祈祷;成吉思汗囤兵多伦攻打金朝;忽必烈在滦河岸边建避暑行宫东凉亭,成为元朝历代皇帝游玩狩猎之地;明成祖朱棣征伐北元,归途中病故榆木川,魂飞多伦;清朝顺治帝巡视塞外,在多伦召见蒙古王公;康熙帝在多伦诺尔与内外蒙48家王爷和三部首领会盟,正式确定了清王朝的北方版图。并敕建"汇宗寺",雍正帝又建"善因寺",使多伦成为中国北方喇嘛教中心。班禅六世东行途经此地说法祈福,进一步提高了多伦喇嘛教的影响力。汇宗寺的兴建以及章嘉活佛对整个内外蒙古喇嘛教事务的主持和管理,大大促进了多伦城商业的繁荣和发展。在这之后,多伦城逐步发展成为拥有4000商号、18万人口的著名塞外商埠——旅蒙商之都。经济的繁荣，促进了城市的发展，在纵横交错的十八条大街里，商业店铺、手工业作坊、会馆、庙宇、清真寺与民居错落有致，分布其间，被称为"南迎中华福，北接蒙古财，日进斗金，日出斗银"富足的草原城市。设计精巧、气势宏伟的汇宗寺与山西会馆及清真寺成为多伦古城辉煌繁荣的历史见证，经过历史洗礼的古代遗址燕长城、辽代古墓群、元代古墓群、忽必烈避暑行宫东凉亭，也令人怀古惜今；而耶律阿保机、成吉思汗、朱棣、顺治、康熙、乾隆、班禅六世、章嘉活佛、李大钊、吉鸿昌等或皇或帝、或官或宦、或僧或圣、或志士或名人，其在多伦的轶文趣事，使多伦更增添了耐人寻味的神秘色彩。沿续了三百年的汇宗寺、善因寺跳扎布（喇嘛舞蹈）、六月十五赶庙会，正月十五的灯会社火、耍龙灯、踩高跷、扭秧歌，更显古城浓厚的历史文化气息。

两千年古镇的丰厚遗产——武安市冶陶镇

冶陶镇，位于武安市境西南部，面积74平方公里，邯（郸）长（治）铁路及邯长公路复线过境。镇内固镇村有战国时期古城遗址及汉代炼铁遗址。抗日战争和解放战争时期的革命根据地，军区野战医院、广播电台均设在镇内。

冶陶镇有较高的历史文化底蕴，境内固义村的"固义傩戏"有500多年的历史，是固义村祖辈流传的、具有浓厚民间传统特色的群众自发演出的节目。固义傩戏的发现打破了人们所说的"黄河以北无傩戏"的说法，它不仅

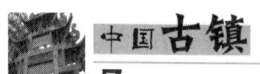

固镇村战国时期古城遗址

是固义人的骄傲，同时也是世界的一笔文化遗产。固义傩戏被列为全国非物质文化遗产。

镇政府所在地冶陶村解放战争时期为晋冀鲁豫党政军机关驻地，董必武、刘伯承、邓小平、陈毅、徐向前、薄一波、滕代远、杨秀峰、李达等老一辈革命家曾在这里运筹帷幄、决胜千里。冶陶这片土地记录了先辈们战斗的峥嵘岁月，留下了先辈们生活的点点滴滴。晋冀鲁豫中央局旧址被评为全国重点文物保护单位、河北省爱国主义教育基地、河北省国防教育基地，正在申报全国国防教育基地。是河北省三十个重点红色旅游景点之一。

知识链接

北国小江南——天津市西青区杨柳青镇

杨柳青镇地处京畿要冲，系西青区政府驻地，是该区政治、经济、文化中心，是天津市与环渤海经济区最大的乡镇。

杨柳青镇是中国北方历史名镇。初名"流口"，后复名"柳口"。金贞祐二年（1214年）置"柳口镇"，为该镇行政建置之始，元末明初更今名。

清代之前，杨柳青镇先后隶属章武、平舒、鲁城、武清、静海、天津等县，民国时期隶属天津县，新中国成立后，先后隶属河北省、河北省天津专区、静海县、天津市南开区、天津市西郊区（今改称西青区）。

第四章 华北与华南古镇

杨柳青镇历史沉积久远，文化底蕴深厚。明清时期，是运河漕运重要枢纽，成为中国北方商贸流通和文化交流集散地，商业繁荣，被誉为北国小江南、沽上小扬州。杨柳青镇历史文化遗存众多，现存有明万历四年（1576年）所建，国内保存最完好明代楼阁式建筑文昌阁。杨柳青赶大营第一人安文忠建于130年前的安家大院等名闻遐迩。

杨柳青镇在注重保护有形历史文化同时，通过挖掘、整理、弘扬、发展历史文化，使众多的非物质性历史文化遗产得到了复兴发展。连续两年春节期间（从腊月二十三到正月十六），都举办了民俗文化旅游节，演出花会、鼓舞、戏曲、民间音乐、堂会等20多道节目。连续七年举办夏季文化大舞台，每节历时一个月，节目多表现传统文化，增加古镇历史文化内涵。

杨柳青镇有丰富民间艺术，起于宋代、兴于明代、盛于清代乾隆年间杨柳青木版年画，曾出现"家家会点染，户户善丹青"的兴旺景象，被推崇为中国木版年画之首，深刻影响了国内近百种年画，过年贴年画由此成为北方地区习俗。杨柳青剪纸、风筝、砖雕、石刻和民间花会也是中国民间艺术的瑰宝。

杨柳青镇的民俗文化气息十分浓郁。小镇旧有戏楼、牌坊、文昌阁，称为杨柳青三宗宝。清代有津门著名的崇文书院及古寺院40余座，现尚存普亮宝塔、报恩寺、白檀寺遗址等。位于镇中1875年建成的有华北第一民宅之称的石家大院以其规模宏大、建筑华美而驰名华北。这些文化遗址与古朴的清代街衢、四合宅院、古运河风光共同构成了杨柳青淳美的风俗画卷。

第三节
广西古镇

广西壮族自治区地处中国南部，属亚热带季风气候区，夏天时间长、气温较高、降水多，冬天时间短、天气干。广西历史悠久，在旧石器时代晚期，就有远古先民在此劳作生息。

桂北地区是广西古镇保存最多的地方。这些古镇多为明清时期所建，既受中原传统文化的影响，也有广西地方的特色。桂西地区在古时少有人居住，后来逐渐发展成一些少数民族的聚集地。高山上、江水旁成了苗、瑶、侗、壮等少数民族栖身的家园，吊脚楼、风雨桥、鼓楼等独具特色的建筑散布在大山之间，具有浓郁的少数民族风情。而桂东南地区处于两广交界处，融合了广东、广西的文化，水运交通相当发达，历史上就是商贾云集之地。广西作为明清时期对外贸易的口岸，又临近曾是法属殖民地的越南，所以现存的古镇大都受到欧洲建筑风格影响，民居多为砖砌为主的骑楼。

梦境家园小桂林——昭平黄姚镇

黄姚镇位于广西贺州昭平县东北部，是有着近千年历史的古镇，发祥于宋朝，兴建于明朝万历年间（1573—1620年），鼎盛于清朝乾隆年间

（1736—1795年）。由于镇上以黄、姚两姓居多，故称"黄姚镇"。

黄姚古街道全部用青色石板镶嵌而成，路面平滑如镜。镇内的建筑按九宫八卦阵势布局，属岭南风格建筑，与周围环境形成一体，是一个天然的山水园林古镇。现在古镇完整保存着明清古建筑300多幢，房屋多为两层的砖瓦结构，建筑精美，砖雕、石雕、木雕都有很高的工艺水平。古建筑的梁柱、斗拱、檩椽、墙面、天花都精心雕饰，图案千姿百态。另外，黄姚镇景观建筑还有亭台楼阁10多处，寺观庙祠20多座，特色桥梁11座，楹联匾额上百副。

黄姚古镇素有"梦境家园"之称。镇内山水岩洞多，亭台楼阁多，寺观多，祠堂多，古树多，楹联匾额多。有山必有水，有水必有桥，有桥必有亭，有亭必有联。有联必有匾，构成古镇独特的风景。著名的古迹有文明阁、孔明岩、宝珠观、兴宁庙、狮子庙、古戏台、吴家祠、郭家祠、佐龙寺、见龙寺、带龙桥、护龙桥、天然亭等。

黄姚古镇

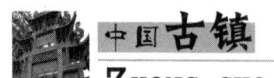

如同许多古镇一样，每个当地旺族大姓必有一个祠堂，黄姚也少不了祠堂，黄姚至今仍完好保留着明清时期的十余座宗祠，其中以古氏、莫氏和劳氏宗祠规模最大。各宗祠每年都有其独特的祭祖活动，不同的姓氏在不同的时间举行。黄姚的宗祠建筑结构精致，规模豪华，门前有大石阶，祠内有宽阔的门廊，正中还有天井，两旁有小花园，独具桂北屋宇风格。墙上刻有花鸟壁画，这些壁画构图美观，工艺精湛，风格独特。

古戏台始建于明万历初年，至今已有400多年的历史。这座戏台属于亭阁式建筑，以8根木柱作支架，平面呈"凸"字形。戏台雕梁画栋，古朴典雅，阁顶雕有二龙戏珠。前台天花板中间有一幅"双凤奔月图"，色彩绚丽，富有民族艺术特色。戏台底部四周用方形大石板围砌，牢固美观。前台地面铺设火砖，再铺设木板，与地面架空，形成共鸣，旧时台底四角还放置大水缸，以增强共鸣效果，所以每当台上锣鼓齐鸣时，10公里外的高地仍可听到唱戏的声音。

水陆交通的枢纽——桂林大圩镇

大圩古镇位于桂林市东南18公里处，地处漓江中游的北岸。大圩古镇始建于北宋初年，中兴于明清，鼎盛于民国时期，距今已有千年历史。作为水陆交通的枢纽，大圩镇在北宋时已经是商业繁华的集镇，明清时更为发达，云集此的商人陆续在此修建会馆。到民国初期，大圩镇上已形成8条大街，沿江一带的码头也更加繁忙，有"逆水行舟上桂林，落帆顺流下广州"之说。大圩老街顺着漓江绵延两公里，不宽的街道上铺着青石板，石板路旁的房子多为青砖、青瓦的两层明清建筑，历史沧桑随处可见。镇中的民居建筑南低北高，临江依山而建，多为三进、四进式建筑，每栋房子设计十分合理，集商、住于一身，均由门前、天井、正房、厢房、后院组成。正房、厢房的门窗上都雕有花纹。古镇现在还保留着许多竹编作坊、草鞋作坊、传统的丧葬用品店、草医诊室、老理发店等一批古老的作坊。

第四章 华北与华南古镇

大圩是历史悠久的古镇，始建于明的单拱石桥万寿桥，仍雄跨镇南；清代建筑的高祖庙、汉皇庙和广东、湖南、江西会馆等，以及长达5里的青石板路，镇上的青砖青瓦楼房，都成为古老圩镇的见证。大圩四周有社公山、景山、磨盘山。

大圩古镇

镇西毛洲，四面环水。大圩还是盛产柑橘橙柚的大果园，风景优美，田园如画。明代解缙的《大圩》诗"大圩江上芦田寺，百尺深潭万竹围；柳店积薪晨晏后，壮人荷叶裹盐归"，虽隔了几个世纪，但他用细腻笔触所白描的大圩，至今仍能给人以古朴、优美、恬静、繁荣的感受。

万寿桥位于马河与漓江汇合处，始建于明代，最初为木结构的三拱板桥，后毁于水灾，于清光绪二十八年（1902年）重建为单拱石桥。桥全长29.6米，高7.1米，净跨16.8米，两边各有二十余级台阶，桥面以青石板嵌成，两侧有护栏，总体造型稳健古朴。桥面的石头历经百年已被磨得溜光发亮，间杂些许小草，显得古朴自然。

知识链接

大圩的古墓

2001年建设桂林至磨盘山码头旅游公路时，在大圩镇发现了一个罕见的古墓群，7座古墓排列成天上的北斗七星状，而且各墓封土堆的大小与星星的亮度有关联，这在国内还是首次发现。古墓群位于大圩镇马山东麓（俗称七星坡）。当地老百姓流传，此墓群是靖江王的宗室——附近村屯中朱姓人的先祖坟墓。

虽然古墓与七星的关系至今还是一个谜，但从古墓中出的土陶盒、陶罐、青铜剑、铁斧和石璧等随葬品看，关于此墓群是靖江王宗室之墓一说系谬传，它与1974年发掘的平乐银山岭战国至西汉墓有相似之处，应属同一时期的墓葬，有多方面的研究价值。

第四节 广东古镇

广东是中国大陆南端沿海的一个省份，位于南岭以南，南海之滨，与香港、澳门、广西、湖南、江西和福建接壤，与海南隔海相望。省内土地丰足、水资源丰富，素有"岭南热土"之称。在广东分布的古镇大多是岭南古村群落，代表古镇是佛山、赤坎等。

独具魅力的岭南传统文化——广东佛山镇

佛山镇，今广东省的佛山市，广东省下辖的一个地级市。佛山是一个具有悠久历史和灿烂文化的古镇。唐贞观二年（628 年），因在城内塔坡岗上挖掘出三尊佛像，认为此地是佛家之地，遂立石榜改季华乡为"佛山"，镇域大致位于现时佛山市禅城区祖庙街道内。早在 5000 年前的新石器时代，佛山已生息着一个人口相当密集的聚落，当时，佛山的先民已经拥有较好制陶、纺织技术。东汉时期，出现了先进的耕作技术，成为鱼米之乡。唐宋时期，佛山成为工商业城镇，至明清时期更成为中国四大名镇（佛山镇、汉口镇、景德镇、朱仙镇）和中国"四大聚"（佛山、北京、苏州、汉口）。佛山镇历史上经济繁荣，居民生活富庶，但地幅狭小，地势平坦，天然防御条件差，且地处广州西南部交通要道，为兵家必争之地，必经之路。居民为求自保，很早就形成习武强身、自卫的传统。

佛山原名季华乡，"肇迹于晋，得名于唐"，历史悠久，文化底蕴深厚，是国家历史文化名城。据考证，佛山的历史起源于现禅城区澜石街道区域，距今约 4500—5500 年前，百越先民沿西江、北江来此繁衍生息，以渔耕和制陶开创原始文明。

宋元丰年间推行保甲制度，乡分都堡，佛山堡为季华乡之首。唐宋年间，佛山的手工业、商业和文化已十分繁荣。

清末，佛山得风气之先，成为我国近代民族工业的发源地之一，先后诞生了中国第一家新式缫丝厂和第一家火柴厂，并建立了"南洋兄弟烟草公司竹嘴厂"。

悠久的历史，孕育了独具魅力的岭南传统文化。佛山素有陶艺之乡、粤剧之乡、武术之乡、广纱中心、岭南成药之乡、南方铸造中心、民间艺术之

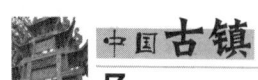

乡等美誉，形成了秋色、"行通济"等佛山独特的民间风尚习俗。

佛山是"南国陶都""中国陶瓷名都"，制陶工艺源远流长，有700多年历史，自古有"石湾瓦，甲天下"的美誉。建于明代正德年间的南风古灶，是世界现存最古老的柴烧龙窑，薪火相传至今500多年，被誉为"陶瓷活化石"。佛山是"南国红豆"粤剧的发源地。诞生了粤剧艺人的代称——"红船子弟"和粤剧最早的戏行组织——琼花会馆。民间自发组织的粤剧演唱"私伙局"是佛山文化的一大特色，至今长盛不衰。每年一度举办的琼花粤剧艺术节，使佛山呈现"红船泊晚纱，万人看琼花"的盛况。

佛山是"岭南成药之乡"。古方正药的历史有400余年，其产品种类齐全，大约分为膏、丹、丸、散、茶、油、酒等七大类，是工匠、居家、旅行必备的中成药，涌现出了"黄祥华"如意油、"冯了性"药酒、"源吉林"甘和茶等一批老字号名药。

佛山是闻名的"武术之乡"，是中国南派武术的主要发源地。明初，佛山

佛山舞狮活动

武术已相当普及。清末民初，佛山武术流派纷呈，涌现出一大批有国际影响的武术名家和武术组织，并通过各种途径走向世界，世界上广泛流行的蔡李佛拳、洪拳、咏春拳等不少拳种和流派其根都在佛山，著名武术大师黄飞鸿，咏春宗师梁赞、叶问，影视武打明星李小龙等祖籍及师承亦在佛山。2004年，佛山被授予"武术之城"称号。

佛山是"狮艺之乡"，是南狮的发源地，是首个"中国龙狮龙舟运动名城"。龙狮起舞既是融武术、舞蹈、音乐等为一体的体育竞技活动，更是佛山武术重要项目之一，每年的"狮王争霸赛"吸引了国内外广大武术爱好者参与。禅城区是"中国龙狮运动之乡"，南海区西樵镇是全国唯一"中国龙狮名镇"。

佛山的铸造业始于2000多年前。宋代时佛山所铸鼎、锅、钟、塔等闻名全国。到明代佛山的铸造技术已达相当高的水平，成为中国南部冶炼中心。鸦片战争期间，佛山所铸大炮为抗击外来入侵发挥了重要作用。

欧陆风情的岭南古村——开平赤坎镇

赤坎镇位于珠江三角洲西南部，开平市中部的潭江之滨，毗邻市区三埠，距国家一级口岸三埠港18公里，距佛开高速公路出口28公里。

赤坎古镇的地理位置在开平非常优越，处于全县的正中，东西南北交会于此。上接恩平、阳江，下通江门，广州，北连鹤山、高明、新兴，南往台山。赤坎也因此成为开平方言的代表地区。

古镇四周被潭江支流水系包围，其中米岗冲、滘口冲、镇海水是主要的支流，与干流潭江构成了赤坎镇一带的河网。

赤坎古镇因地处开平境内的潭江上游而成为与中下游的长沙、水口镇齐名的水路交通枢纽。在赤坎镇渡口之下，还有十三个二级渡口（当地

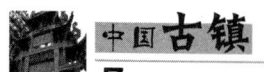

赤坎古镇

叫"横水渡")分布在各乡，形成了区内的水运交通网。据1991年编写的《开平赤坎镇志》记载，最早的横水渡是水龟渡，开渡于康熙十五年（1676年），大量的横水渡开渡于光绪二十七年（1901年），其中有四个横水渡就在镇区内。赤坎古镇因优越的地理位置而获得交通之便，南来北往的水陆运输使它由渡口码头成长为一个工商市镇，使古镇商贸经济繁荣又促进了交通的发达。

民国时期，赤坎古镇的大规模改建，提升了古镇的市政建筑水平，高大的骑楼和外国建筑艺术的引入，使古镇建筑风貌脱胎换骨，焕然一新，尤其沿河的长堤路更是成为古镇的一道亮丽的风景，给人强烈的视觉冲击。1930年1月出版的关族族刊《光裕月报》欢呼："本埠市政之发展，有如日之升，

第四章 华北与华南古镇

光芒四射，燦然可观。"

在赤坎古镇的中华路、长堤路和得业路、墟街、牛墟街等主要的街道两边原来的一层低矮的店铺，全部换成了两三层高的骑楼建筑，骑楼是欧洲人在东南亚结合当地的亚热带多雨潮湿气候特点，引入欧洲建筑风格而创造出来的一种建筑形式。楼上是居室，楼下前面是店铺，后面为仓库。临街一面的二楼一般都建有一个外挑的阳台，给骑楼增添了几分秀丽。建筑立面的造型、细部装饰、饰件小品各有趣味。仅窗户的造型就各不相同，有伊斯兰风格的，也有中世纪欧洲宫廷建筑的式样，彩色的格窗昭示着主人倾向于西方建筑的审美情趣。圆立柱多采用古罗马的科林斯式和混合式，方柱以葡式建筑风格更浓，山花有浓厚的巴洛克建筑艺术的韵味，很多的骑楼山花顶部是一个扇贝饰件，这种样式在意大利非常普遍，地中海盛产的贝类启发了意大利人的创作灵感。赤坎古镇的楼主和建设者在欣赏它的秀美的同时，也寄寓了一种现实的考量。贝在古代中国曾经作为货币流通，是财富的象征，因此它也渲染了赤坎古镇居民求富的愿望。

在骑楼街的精华区堤边街道，偶尔有防守的堡垒——碉楼和西式风格的钟楼夹杂骑楼群间。堤边的街道被塘底街分为上埠和下埠两段，分别是关氏和司徒氏族人"地界"，两族人在各自的地界内开展商贸，并先后在上埠和下埠的堤边两头各建有一座规模不小的图书馆。司徒氏图书馆里七十多年前从美国波士顿购回的大钟至今仍然走时准确，准点自动敲钟报时。数十年来，古镇居民已经习惯听古钟苍老而洪亮的报时声安排作息。碉楼的影子在赤坎镇上也随处可见，走在今天的古街上，耸立在骑楼群中的碉楼异常显眼。

虽然历史不如中国其他名古镇如周庄、乌镇、朱仙、黄姚等悠久，但赤坎镇位处著名侨乡，另有一番中西合璧的古朴味道。因此有"中国第五名古镇"之称。

知识链接

海南省文昌市铺前镇

铺前镇位于海南省文昌市的最北部，面积134.7平方公里，东、西、北三面环海，海岸线长38公里，南面与锦山镇、罗豆农场毗邻，同海口美兰国际机场隔海相望。全镇有4个圩，12个村（居）委会，154个自然村，共有3.8万人，华侨4.7万人，是文昌市的侨乡、鱼米之乡。

该镇有木兰头风景区，有东寨港、红树林保护区，有"海底村庄"，有建于明朝万历年间的七星岭宝塔——"斗柄塔"，有清朝修建的"七星岭表护国圣娘神庙""溪北书院"，还有具有南洋风格的胜利街等。

第五章

东北与西北古镇

中国东北地区包括黑龙江、吉林和辽宁三省。从明清以来,东北各民族与中原民族之间的交流就十分频繁,各民族的混居交融使东北形成了具有特色的区域文化。东北古镇的建筑与民居就极具地域风貌,以四合院式的庭院布局为主。

西北地区包括陕西、甘肃、宁夏、青海等地,地域广阔,民族众多,西北古镇的民风民俗和民居类型更是丰富多彩。由于西北大部分地区干旱少雨,古镇中的建筑多属于土木结构的平顶房,就地取材,建造成本低廉,追求一种实用、简朴的建筑风格。

第一节
辽宁古镇

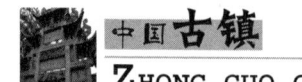

辽宁省自古以来多民族聚居，又是满族的发祥地，各民族在不同的地理环境、民族信仰等因素影响下，形成了独特的文化风俗和民居形式。辽宁省现存的许多古镇，完好地保存着明清古建筑的原貌和特有的民族风情。

清王朝的发祥地——新宾永陵镇

永陵镇位于新宾满族自治县，是一个充满着浓厚历史文化气息的古镇。早在新石器时代，这里就已有人类居住。明代万历四十四年（1616年），女真人首领努尔哈赤在今永陵镇东南的赫图阿拉城建立了大金国，是为清朝的前身。清天聪八年（1634年），清太宗皇太极封赫图阿拉城为"兴京"，并开始修建兴京陵。顺治十六年（1659年），兴京陵被尊为"永陵"。永陵镇因此而得名。

永陵镇集中分布着许多清代前期的文物古迹，最著名的就是清朝12座帝陵中营建时间最早的清永陵建筑群。清永陵是清王朝的祖陵，陵内埋葬着清朝创立者努尔哈赤的六世祖、曾祖、祖父、父亲及他的伯父和叔父。陵寝前端为一条笔直的大道，称为"神道"。通过神道是清永陵的总门户"正红

第五章 东北与西北古镇

清永陵

门",其木栅栏的建筑形制保留了满族的建筑特色。永陵前院并列着四位皇帝的碑亭,这在全国是独一无二的。永陵第二道门为启运门,通过启运门即为方城,以启运殿为主体,左右两厢分置东西配殿,供奉着各位神灵。绕过启运殿就跨入了宝城,是陵寝墓葬所在地,清王朝的六位祖先就安息在这里。清永陵既具备皇家陵寝的传统格局,又保持了满族文化的本来面貌,是地方特色最浓郁的帝王陵寝建筑群。

赫图阿拉城西距清永陵5公里,是一座拥有400余年历史的古城。"赫图阿拉"是满语,意为"横岗",即平顶小山冈。古城始建于明万历三十一年(1603年),万历四十四年(1616年)努尔哈赤在此称帝,建立了大金政权,史称"后金"。赫图阿拉城不仅是后金(清)开国的第一座都城,也是中国历史上最后一座山城式都城。作为后金政治、经济、军事、文化、外交的中心,赫图阿拉城被视为清王朝的发祥之地、满族兴起的摇篮。赫图阿拉故城

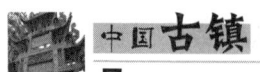

努尔哈赤铜像

分内外两城，城垣由土、木、石杂筑而成。内城有各类后金宫殿、祠堂、衙署及文庙、关帝庙、城隍庙等一大批古建筑和遗址，青砖薄瓦，独具风格。

知识链接

黑龙江省黑河市爱辉镇

爱辉镇位于黑河市爱辉区东南部，黑龙江中上游，与俄罗斯隔江相望。

爱辉，历史上曾称"艾浒""艾虎""爱呼""艾浑""瑷珲"等。"瑷珲"一词的含义，一说，因旧瑷珲城附近有瑷珲河，故而得名，达斡尔语，意为"可畏";另说,满语,"母貂"之意,因明末清初这一带以产貂闻名,《爱辉县志》称"似较为可信"。1956年为更改生辟字地名,将"瑷珲"改为"爱辉"。

爱辉建城,始于清初。为了抗击沙俄武装入侵黑龙江流域,1683年(清康熙二十二年),清政府决定,设置黑龙江将军,屯垦戍边,"建城永戍"。翌年春夏之交,在被沙俄武装入侵而变成废墟的古瑷珲旧址上重新筑城(今俄罗斯境内维谢雪村),历时两个半月告成。因其右濒黑龙江,又是黑龙江将军驻地,故称"黑龙江城"。后人为区别江右(西)新"瑷珲",又称之为"旧瑷珲"。鉴于瑷珲旧城僻处江东,与内地交通和公文往来诸多不便,1685年(清康熙二十四年),清政府决定,将黑龙江将军衙门迁至下游12里的江西,在被沙俄焚毁的我国达斡尔族屯寨托尔加城的废墟上,重新修筑城寨,仍为"瑷珲城",即新瑷珲城,亦称"黑龙江城"。新瑷珲城的内外建筑情况,据《盛京通志》记载:"内城植松木为墙,中实以土,高一丈八尺,周围一千三十步,门四。西南北三面植木为廊,南一门,西北各二门,东面临江,周围十里。"

爱辉镇是清代黑龙江流域的经济、文化、军事的中心,是中俄不平等的《爱辉条约》签约地,爱辉历史陈列馆是我国100个爱国主义教育基地之一。

东北地区最早开放的商埠——海城牛庄镇

牛庄镇隶属于辽宁鞍山海城市,位于海城河下游西岸。这里铁路、公路贯通,交通便利,水土肥美,自古就是周边地区的经济、文化中心。辽、金

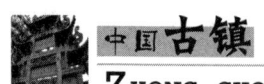

时期，辽河在这里附近入海，商船（时称"牛子"）云集于此，故而得名"牛庄"。由于牛庄的经济和战略地位非常重要，1623年，清太祖努尔哈赤曾命皇太极亲临牛庄犒赏筑城民夫，重筑牛庄城。咸丰八年（1858年），英、法、美、俄等国入侵天津，强迫清政府签订《天津条约》，牛庄被列入五个通商口岸之一，并于1861年4月正式开埠，成为东北地区最早开放的商埠。清末，牛庄镇内店铺、钱庄林立，吸引了许多国内外商贾来牛庄兴业，镇内保留至今的有道光年间修建的太平桥、护城河，以及法国传教士修建的天主教堂等独具特色的建筑。

太平桥位于牛庄镇北关，又称"北关石桥"，建于清道光二十八年（1848年）。石桥长50米、宽4.5米、桥洞15孔。该桥桥墩和桥面完全采用花岗岩筑成，虽历经百年，仍然十分坚固。桥两侧的立柱上雕刻着各种吉祥图案，有石狮、石猴、水果等，惟妙惟肖。

太平桥西边就是观音寺旧址，俗称"老母庙"，是牛庄旧时香火鼎盛的大

牛庄镇

庙之一。老观音寺建于清朝初年，嘉庆十二年（1807年）重修。观音庙原是一座僧寺，后因经营不善，民国初年被哈达碑镇的镇河寺接管。镇河寺的监院思仲和尚对此寺进行了大规模重修，并改为比丘尼庵。据说当年来此庵出家的尼姑都是有钱人家的女儿，多因婚姻不如意才出家，家里常以原为女儿陪嫁的田产布施，所以观音寺一时田产众多，香火鼎盛。每年农历二月十九的观音圣诞日，观音寺都会举办法会和庙会，热闹非凡。

知识链接

吉林省四平市铁东区叶赫镇

叶赫满族镇是满族的重要发祥地之一，是清初孝慈高皇后清末慈禧太后的祖籍地。位于吉林省四平市铁东区，是四平旅游经济开发区内的重点景区、重点镇、十强镇，2008年被国家建设部批准为中国历史文化名镇。2008年4月成立叶赫旅游经济区。叶赫部精兵良将被努尔哈赤收入满洲八旗，融入后金队伍之中。在清王朝二百多年的历史上，叶赫那拉家族有众多杰出人物，彪炳千古。清王朝统治者在顺治、康熙年间先后在辽河流域、吉林地区修筑了柳条边墙，实行封禁，对边墙内的"龙兴之地"实施保护。柳条边的封禁一直持续到道光二十年（1840年）以后，才逐渐废弛。清政府自康熙二十年（1681年）起，修建了从京师至吉林乌拉的驿道。驿道从叶赫穿过，并设叶赫驿站。叶赫驿站由驿所、营房、马厩三部分组成，为过往的官兵、官差提供食宿、车马、杂役等保障。驿道、驿站加强了朝廷与东北边陲各族人民的联系；提供了军事行动和运输通信联络等多方面的保障，促进了社会的进步和经济、文化的发展。叶赫满族镇地处长白山余脉，属大黑山系，是一个"六山一水三分田"的丘陵半山区。境内山青水秀，自然风光旖旎。逢春，百花争艳，百鸟争鸣；盛夏，林木葱葱，溪水潺潺；金秋，满山红叶，果满枝头；寒冬，白雪皑皑，银装素裹。叶赫河自东向西流经叶赫全境，一注碧水呈"S"形绕山而行，形成一个5000亩宽阔水域的中型水库，湖岸林木丰美，怪石林立，素有"北方小三峡"之美称。国家3A级旅游景区叶赫那拉城坐落于东城山上，巧夺天工的神奇自然景观绘就了一幅"静水环城霞淡淡，长松绕岭雾悠悠"的美丽画卷。

第二节 陕西古镇

　　陕西省古称"关中"地区，据考证，中国最早的房屋建筑便出现在这块土地上。经过了千百年的变迁，陕西古镇形成了独有的古朴恢宏的建筑风格，其布局及空间处理比较严谨，多数为传统的四合院、三合院，院落层次较多，颇具气势。

世外桃源青木国——陕宁强青木川

青木川位于陕西省西南部的宁强县境内,地处陕、甘、川三省交界处、秦岭余脉的大山中,是陕西省最西的一个古镇。据考证,青木川建造于明朝中叶,成型于清朝中后期,鼎盛于民国,是羌族和汉族杂居的地区。青木川曾是入川的要道之一,也是商贾云集的边贸重镇。历经百年沧桑,青木川至今仍保存着大量风格迥异的古街、古祠、古栈道、古建筑群等历史古迹。

青木川古迹众多,有"秦陇古栈道"、摩岩石观音、邓艾将军石、二郎神脚印、石门关、金缸峡,特别是明、清、民国等不同时期不同风格的古建筑群,吸引着古今文人骚客前来观光题咏。

青木川镇的古建筑主要分布在回龙场街两旁。该街始建于明成化年间(1465—1487年)。街道建筑自下而上蜿蜒沿伸866米,宽4米,金溪河绕着古镇转了个弯,古街被河拉成了弧形。形似一条卧龙,现留有古朴独特,雕梁画栋,风格典雅,古建筑房屋260间,是不可再造的历史文化遗产。

距古街5公里处,有长达6公里的明清时留下的通往甘肃的商运古栈道,该道路顺河而上,顺崖凿路,路势十分险峻。沿途文人墨客题字留言,具有较强的考研价值。

青木川镇

古朴厚重的黄土丘陵——陕西榆林

榆林，又称"驼城"，位于陕西省最北部，地处黄土高原与毛乌素沙漠的交接地带，地域广阔，地貌独特。万里长城横贯其中，以长城为界，长城以北为广阔无际的风沙草滩，长城以南是黄土丘陵，沟壑纵横。榆林最初只是一个居民点，因当地有普惠泉，四周榆树丛生，人们围泉而居，称为"榆林庄"。明代，榆林逐渐成为北方的军事重镇，范围也逐步扩大。今天的榆林保留着很多建于明清时代的衙署、府邸、庙宇、店铺等，一般民居多采用四合

凌霄双塔

院形式，灰砖的院落、斑驳的影壁、木质的雕花窗、锈迹的铜门环，展现出古朴厚重的明清风貌。

始建于明洪武二年（1369 年）的榆林城墙，距今已有 600 多年的历史，是国内现存为数不多的极具地方特色的古城墙。榆林城墙在明代曾经过多次拓建，到万历三十年（1602 年）城垣建成时，周长有 6000 多米，出于军事需要，城墙高度超过了北京城墙。清代，古城墙又经过多次修筑加固。同治二年（1863 年），榆林城北墙被流沙积压，遂将北城墙向西南回缩，始成今日所见榆林的样子。

凌霄塔是榆林的标志性建筑，位于榆林城南，始建于明正德十年（1515 年），原为榆阳寺中之塔，寺庙在清同治年间（1862—1874 年）被毁，只有塔留存下来。凌霄塔为楼阁式八角形砖砌空心结构，共有 13 层，高 43 米。塔身每层砖雕仿木斗拱角檐，檐角挂有风铃，迎风叮当作响。塔顶覆有琉璃碧瓦。在塔的最底层四面开门，由下往上，每层各面皆开有一窗。塔内有砖阶和木梯，游人可拾级而上，登上塔顶，榆林全城尽收眼底。

知识链接

新疆鄯善县鲁克沁镇

鲁克沁镇位于新疆吐鲁番地区鄯善县城西 45 公里，是中国历史文化名镇、吐鲁番十二木卡姆艺术的发源地、吐鲁番郡王府遗址所在地。在清代曾一度成为吐鲁番地区政治、经济、文化的中心。古丝绸之路上著名的柳中城就坐落在鲁克沁镇。它是一个有着两千多年历史的著名古城。自古以来，

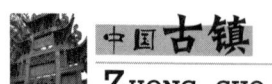

柳中城曾以柳色掩映而闻名，以致有"绿柳城廓"之称，曾有"城廓日日柳年年，火焰山下杨柳春"的诗句歌吟柳色。古镇有着悠久的历史和深厚的文化积淀，人文景观丰富多彩，民族风情浓郁。全镇现有16处历史文化古迹，其中柳中城遗址为自治区级文物保护单位，哈尼力克买的力斯清真寺为新疆第二大清真寺，再加上鳞次栉比的葡萄园、清水环绕的坎尔井，香甜甘美的哈密瓜，独具特色的经济林，优越的自然环境条件，使鲁克沁镇成为吐鲁番旅游东线的重要组成部分。鲁克沁汉代为柳中城，唐为柳中县。公元前一世纪，西汉王朝在轮台城墙西域设都护府时，曾一度在此屯田。公元123年，东汉西域长史府设置于此，西域长史班勇曾率五百兵士进驻柳中城屯垦戍边。柳中城在历史上所处地位相当重要。它是唐代西州（高昌）的东大门，是丝绸之路必经重镇，现在城墙周围还遗留有许多文物古迹。在内城南端，现存有汉城墙，长30米，高20余米；在内城正西，有清代吐鲁番郡王额敏和卓的郡王府遗迹，大约建于1758年，当地人称王爷台。台长57米，宽40米，高20米，全是用黄黏土夯筑而成。

第六章

西南古镇

西南各省自古以来就是多民族混居的地区,所以此区域内的古镇古村建筑各有其民族的特色,如傣族的干栏式建筑、苗族的吊脚楼等,具有很浓的民族风情。

第一节 四川古镇

四川省简称"川"或"蜀",位于中国西南地区、长江上游。川西为高原,其余为四川盆地。其中居住着彝族、藏族、回族、汉族、羌族等民族。四川的古镇主要集中在东部和南部,依山傍水,而且多在古代交通要道周围,建筑风格兼具粗犷与灵巧,体现了巴蜀文化的精髓。

千年军事重镇——成都双流黄龙溪

黄龙溪古镇位于成都市双流县境内,至今已有1700余年的历史,历来就是成都南面的军事重镇。黄龙溪东临府河,北靠牧马山,旧时水运交通十分发达,外来商客很多,航运上达成都,下通重庆,是水路运输的重要码头。这里依山傍水,风景秀丽,现存的民居多为明清时期的建筑。主街道由石板铺就,两旁是飞檐翘角干栏式吊脚楼,一家挨一家。楼下临街的都是店铺,乌黑发亮的门板,古色古香的招牌,透着浓浓古意。二楼的房子靠近内街的用作住宅,靠近河边的用来做生意。古民居、古牌坊、古寺庙、古榕树,浑然一体。

古龙寺是黄龙溪修建最早的寺庙,以古寺庙、古戏台、古榕树"三古"相结合而著称。古龙寺的古戏台名为"万年台",建于清初,距今已有三百多

年历史,是黄龙溪古代九个戏台中仅存的一个。万年台院坝南北各有一棵古榕树,据考均已有900多年历史。万年台正对面是弥勒殿,弥勒殿前,矗立着一座立千佛铁塔。除弥勒殿外,古龙寺现有的主要建筑还大雄宝殿、观音堂和弥陀殿。

知识链接

黄龙溪名吃"一根面"

"一根面"又叫"长寿面""长久面",是宋、元、明、清时期黄龙溪古镇著名的传统小吃,黄龙溪地处平原,鹿溪河与锦江交汇穿镇而过,地肥水美、盛产小麦,每到逢年过节办喜事时,黄龙溪人就会用麦心粉制作一根面,几乎家家户户都会做一根面。

一根面绝活

"一根面"在不同的场合有不同的吃法,过生日时吃上一根面加两个蛋寓意长命百岁,一根面加三个蛋表示千秋长寿,一根面加四个蛋祝福万寿无疆!婚嫁喜事时新郎新娘必须吃上一根百米长的面,而且新郎新娘分别从一根面的两端向中间吃,直吃到嘴对嘴合二为一,寓意长长久久、百年好合!儿女出远门时,妈妈做上一根面,祈祷儿女一路平安,正月里来到黄龙溪吃上一根面,预示全年一顺百顺!夏天吃冷面,冬天吃热面。

南方丝绸之路的重要驿站——雅安上里镇

上里镇位于四川省雅安市的北部，是四川历史文化名镇。上里古镇以前名叫"罗绳"，是历史上南方丝绸之路进入雅安的重要驿站，也是将四川茶叶输入藏区茶道的重要关隘，历代茶马司（古代专门负责收购茶叶进贡皇宫及管理汉藏茶马互换交易的机构）所在地。

古镇民居保存得比较完好，多为青瓦民居，高低错落，风格各异。街市主要是"井"字布局，取"井中有水"防止火患之意。从古镇沿河上溯一公里，共有十余座古桥，造型各异，这些桥梁不仅是南来北往的通道，还再现了古镇历史和造桥匠师的技艺。

二仙桥位于古镇西约 200 米处的陇西河上，最初建于清乾隆年间

上里古镇

第六章 西南古镇

双节孝牌坊

(1736—1795年),曾两次被洪水冲毁,第三次重建于乾隆四十一年(1776年)。该桥为高卷拱单孔石桥,桥面两侧有石栏,正中雕刻龙头、龙尾,正面浮雕神像和"二仙桥"三个大字。二仙桥得名有一段神奇的传说,相传石桥建造之前,人们赶集只能分别在河的两岸,极不方便。有一天,有两个乞丐从人群中跳进江里,转眼就变成了两个石墩,人们就在石墩的基础上修建了这座桥。后来人们认为这两个乞丐是仙人化身的,于是称这座桥为"二仙桥"。

  双节孝牌坊位于古镇南四家村昔日的古道上,建于清道光十九年(1839年),是清廷为褒扬当地韩家婆媳二人守节而敕建的旌表节孝牌坊。坊上横额镌刻"双节孝"三字,脊顶下正中有"圣旨"二字。牌坊结构采用当地优质石英红砂岩石建造,通高11.25米,进深3米。牌坊上雕刻的图案内容非常

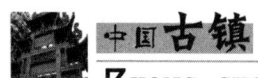

丰富，多为镂空或半镂空的深浮雕，雕刻技艺十分精湛。共有浮雕169幅，圆雕13座，雕刻人物571个，内容以戏曲题材为多，也有部分出自小说、传说故事等，都以"忠、孝、节、义"为主题。

第二节
云南古镇

云南简称"云"或"滇"，地处中国西南边陲。云南现有的十余座古镇，大都建于古代大理国时期，分布在云南各地。这些古镇在历史上都是当地的经济中心，所以留下了浓厚的经济特色，同时具有浓郁的少数民族风情。其中大理白族民居以"三坊一照壁""四合五天井"的布局而著称，粉墙黛瓦的院落无论是木雕、施彩、石刻，还是泥工都丝毫不逊于江南园林与北方大宅。而干栏式竹楼是云南南部傣、佤、苗等少数民族的主要民居形式。滇南气候炎热，潮湿多雨，竹楼下部架空，可通风隔潮。上层前部有宽廊和晒台，后部为堂屋和卧室，屋顶出檐深远，可遮阳挡雨。

彩云中的古镇——云南丽江古城

丽江古城又名大研镇，它位于丽江坝中部，北依象山、金虹山、西枕狮子山，东南面临数十里的良田阔野。丽江是第二批被批准的中国历史文化名城之一,也是中国向联合国申报世界文化遗产成功的古城之一。丽江古城与同为第二批国家历史文化名城的四川阆中、山西平遥、安徽歙县并称为"保存最为完好的四大古城",它是中国历史文化名城中两个没有城墙的古城之一(另一个是歙县)。据说是因为丽江世袭统治者姓木,筑城势必如木字加框而成"困"字之故。

丽江古城的纳西名称叫"巩本知","巩本"为仓廪,"知"即集市,可知丽江古城曾是仓廪集散之地。丽江古城始建于宋末元初(公元13世纪后期)。古城地处云贵高原,海拔2400余米,全城面积达3.8平方千米,自古就是远近闻名的集市和重镇。古城现有居民6200多户,25000余人。其中,纳西族占总人口绝大多数,有30%的居民仍在从事以铜银器制作、皮毛皮革、纺织、酿造业为主的传统手工业和商业活动。

古城丽江把经济和战略重地与崎岖的地势巧妙地融合在一起,真实、完美地保存和再现了古朴的风貌。古城的建筑历经无数朝代的洗礼,饱经沧桑,它融汇了各个民族的文化特色而声名远扬。丽江还拥有古老的供水系统,这

丽江

丽江木府忠义牌坊

一系统纵横交错、精巧独特，至今仍在有效地发挥着作用。

丽江古城位于云南省丽江纳西族自治县，地处青藏高原南端山峰耸峙的横断山脉，东与四川毗邻，北同西藏接壤，是云南通往西藏的必经之地。早在南宋时期，丽江古城就已初具规模，至今已有八九百年的历史。清代，随着汉藏贸易的日渐繁荣，丽江的商贸市场已有相当规模，并成为货物到藏区的商贸中转站，以及来往马帮、客商歇脚和打尖的地方。

丽江是一个纳西、汉族、白族、傈僳族、彝族、苗族等多民族杂居的地方。丰富多样的文化习俗、生活方式和多种语言的通用，使来自山南海北的商家感到方便，再加上四季宜人的气候，很多内地的商人到丽江就驻足不前，将此地作为生意的基地。

第六章 西南古镇

丽江民谚说："先有四方街，后有丽江城。"四方街是古城的中心，丽江古城就是以四方街为基础发展起来的古镇。四方街当年由土司取名，取"权镇四方"之意。也有人说是因为这里的道路通向四面八方，是四面八方的人流、物流集散地，所以叫"四方街"。

古往今来，四方街都是藏区及丽江的马匹、毛皮、藏药等特产和南方的茶叶、丝绸、珠宝等商品的一个贸易中心。白天，这里商贾云集，买卖兴隆；中午前后，会有许多身穿传统服装的纳西老人伴着古老的乐曲跳起民族舞蹈；到了夜晚，特别是节日的夜晚，各族民众来到这里燃起篝火，唱起山歌，跳起民族舞蹈，通宵达旦狂欢。

明代末年，丽江在木氏土司的统治下日渐繁荣，土司所营造的土司府非常华美，明代旅行家徐霞客在游记中称其"官室之丽，拟于王者"。木府占地46亩，整个建筑群坐西朝东，分别有议事厅、万卷楼、护法殿等大殿，两侧房屋罗列。花园回廊，楼台亭阁，数不胜数，风格别致。木府建筑是在明代中原建筑风格的基础上，融入了纳西族和白族的地方工艺风格，同时又将云

五凤楼

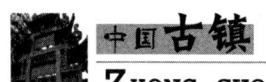

南名木古树、奇花异草汇聚一所，将自然清雅之气与王宫的典雅富丽融为一体，充分展现了纳西文化的开放精神。

在丽江古城区内的玉河水系上，修建有桥梁354座，其密度为平均每平方千米93座。桥梁的形制多种多样，较著名的有锁翠桥、大石桥、万千桥、南门桥、马鞍桥、仁寿桥，均修建于明清时期（公元14—19世纪）。其中以位于四方街以东100米的大石桥最具特色。

位于城内福国寺的五凤楼始建于明代万历二十九年（1601年），楼高20米。因其建筑形制酷似五只飞来的彩凤，故名"五凤楼"。五凤楼融合了汉、藏、纳西等民族的建筑艺术风格，是中国古代建筑中的稀世珍宝和典型范例。五凤楼又称法云阁，原建于芝山福国寺内，1979年迁至黑龙潭。福国寺建于明代，原是木土司的别墅及家庙。木土司曾在寺内会见过明代著名旅行家和地理学家徐霞客。

白沙民居建筑群位于丽江古城以北8千米处，这里曾是宋元时期（公元10—14世纪）丽江地区政治、经济、文化的中心。白沙民居建筑群分布在一条南北走向的主轴上，中心为一梯形广场，一股泉水由北面引入广场，四条巷道从广场通向四方，极具特色。白沙民居建筑群的形成和发展为后来丽江古城的布局奠定了基础。

束河民居建筑群位于丽江古城西北4千米处，是丽江古城周边的一个小集市，建筑群内民居房舍错落有致，布局形制与丽江古城四方街相似。青龙河自建筑群的中央穿过，建于明代（1368—1644年）的青龙桥横跨其上，青龙桥是丽江境内规模最大，历史最悠久的石拱桥。

丽江古城历史悠久，古朴自然。城市布局错落有致，既具有山城风貌，又富于水乡韵味。丽江民居既融和了汉、白、彝、藏各民族精华，又有纳西族的独特风采，是研究中国建筑史、文化史不可多得的重要遗产。丽江古城包容着丰富的民族传统文化，集中体现了纳西民族的兴旺与发展，是研究人类文化发展的重要史料。

知识链接

寻觅东巴文化

祖国西南边陲，距离赤道最近的大雪山——玉龙雪山四周，聚居着一个古老的民族——纳西族。千百年来，纳西人以自己的方式创造了独具特色的文化，并创造了神奇的纳西语和东巴文。

纳西族的东巴文化被称为"小民族创造了大文化"。李霖灿曾指出："纳西族的东巴文及纳西文化在中华民族文化系统中，只能算是泰岱、华岳旁的一个小丘，长江、黄河沿岸的一股细流，但是这座小丘、这股细流却自有其独立的精神和发生的源泉，是值得大书特书的。"2003年，联合国教科文组织将东巴古籍文献列入"世界遗产名录"。东巴文已成为世界的共有遗产，受到保护。

神秘的东巴文及纳西东巴文化就像迷人的玉龙雪山一样，昭示着一代代学者孜孜不倦地攀登着这座神秘而古老的山峰。东巴文及纳西文化研究也必将在学者们前赴后继的探索中发扬光大。

苍山洱海边的古镇——云南大理古城

大理，全称大理白族自治州，地处云南省中部偏西，市境东巡洱海，西及点苍山脉。这里气候温和，土地肥沃，山水风光秀丽多姿，是中国西南边疆开发较早的地区之一。大理地区是云南最早的文化发祥地之一，据考古发掘，新石器时代遗址广泛分布在以洱海为中心的高原湖泊群周围。白族、彝

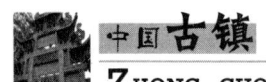

族等少数民族的先民在这块美丽、富饶的土地上种植水稻，驯养家畜，从事采集、渔猎，创造了大理地区的远古文明。

大理地方文化灿烂，民族风情浓郁。大理作为数百年云南政治、经济、文化中心，作为滇西大城的地位，文人名流荟集，史籍文献甚丰。加之在当地占主要地位的白族人民，文化素养历来较高，因此，明、清以来大理素有"文献名邦"之称，历代以来人才辈出。大理文化是中原文化、藏传文化、东南亚文化及当地民族文化融合的产物；是中国西南少数民族地区悠久历史灿烂的古代文化；是中华文化链中一个重要组成部分。白族人民从服饰、住居、婚嫁、信仰、习俗以及庆典节日，都充满着独特的民族情趣，这些浓郁的民族风情，增添了古城的历史文化气氛，亦更加增添了大理历史文化名城的迷人色彩。

知识链接

白族文化风俗

大理白族自治州，是一个以白族为主的多民族地区。境内居住有彝族、白族、傣族、壮族、苗族、回族、傈僳族、拉祜族、佤族、纳西族、瑶族、藏族、景颇族、布朗族、布依族、阿昌族、哈尼族、锡伯族、普米族、蒙古族、怒族、基诺族、德昂族、水族、满族、独龙族等民族。云南白族有140多万人，80%居住在大理白族自治州。白族是一个能歌善舞的民族，继电影《五朵金花》蜚声中外之后，白族姑娘个个被中外友人统称为"金花"，白族小伙则被称作"阿鹏"。金花、阿鹏们流传着自己独特的文化艺术，从白文"山花碑"到现在还在演唱的三七一五句式的白族调和大本曲；有着各种丰富多彩的民族节日和集市，如绕三灵、栽秧会、三月街等。

第六章　西南古镇

大理古城又称"榆城",素有"文献名邦"之称。这里气候温和,土地肥沃,风光秀丽,有下关风、上关花、苍山雪、洱海月等美景,因而具有"风花雪月"的美称。远在 4000 多年前,大理地区就有原始居民的活动。唐代初年,洱海地区"六诏"(唐初分布在洱海地区的六大少数民族部落)中的蒙舍诏势力渐强,在唐朝支持下,于开元二十六年(738 年)统一"六诏",建立了南诏国。南诏时期,大理地区的政治、经济、文化、生产技术都有了长足的发展,享誉海内外的崇圣寺三塔就是当时的产物。

现在的大理古城始建于明洪武十五年(1382 年),方圆 6 公里,东西南北各设一门,均有城楼,四角还有角楼。由南门进城,一条直通北门的复兴路,成了繁华的街市,沿街店铺比肩而设,出售各种民族工艺品及珠宝玉石。街巷保存着不少明清时期的民居老宅。传统上大理的每户人家都有花园,栽种著名的大理山茶花、杜鹃花,各种花伸出墙外,争奇斗艳,花香四时不绝。还有泉水从城外苍山上流进城里,经过每家门前,大街小巷水声不绝,"家家流水,户户养花"。

大理背靠苍山,面临洱海。苍山,又名"点苍山",主要由 19 座山峰组成,最高峰海拔 4000 多米,其他的山峰海拔也都在 3500 米以上。苍山景色向来以雪、云、泉著称。经夏不消的苍山雪,是素负盛名的大理"风花雪月"四景之最。在苍山顶上,有很多高山冰碛湖泊,湖泊四周是遮天蔽日的原始森林。18 条溪水倾泻于 19 峰之间,点缀了苍山的风光。洱海是一个风光明媚的高原湖泊,在风平浪静的日子里泛舟洱海,那干净透明的海面宛如碧澄澄的蓝天,给人以宁静而悠远的感受。

大理国时期佛教盛行,人人拜

大理古城

大理三塔

佛，家家有佛堂，因此大理国有"佛国"之称。崇圣寺三塔不但是大理的象征，是云南古代历史文化的象征，也是中国南方最古老、最雄伟的建筑物之一。崇圣寺是初建于南诏丰祐年间（824—859年）的佛教寺院。现庙宇建筑已毁，只有三塔完好地保留下来。

崇圣寺三塔由一大二小三座塔组成，大塔叫千寻塔，与南北两个小塔的距离都是70米，呈"三足鼎立"之势。千寻塔高69.13米，为方形密檐式空心砖塔，一共有16级，属于典型的唐代建筑风格。塔身内壁垂直贯通上下，设有木质楼梯，可以登上塔顶。南北两座小塔形制一样，均为10层，高42.4米，为八角形密檐式空心砖塔，外观装饰成阁楼式，塔顶有镏金塔刹宝顶，非常华丽。

大理白族的民居以"三坊一照壁""四合五天井"封闭式庭院为典型格局。"三坊一照壁"，即主房一坊，左右厢房二坊，加上主房对面的照壁，合围成一个三合院。"四合五天井"指由正房、下房、左右厢房四坊房屋组成的封闭式四合宅院；除中间一个大天井外，四角还有四个小天井或漏间。三坊一照壁、四合五天井是大理和丽江地区白族民居中最基本、最常见的形式，其他布局形式

都是它们的变异、发展和组合。白族民居的山墙一般则以白灰粉刷,其上用水墨绘以云纹、莲花纹等吉祥图案。

知识链接

神奇的风花雪月

大理一年四季风景如画,在诸多风景名胜之中,以风、花、雪、月四景最为著名和引人入胜。关于风、花、雪、月四景,当地白族人民有一首世世代代传诵的谜语诗,诗曰:虫入凤窝不见(风),七人头上长棵草(花);大雨下在横山上(雪),半边朋友不见了(月)。1962年1月,著名作家曹靖华游过大理之后,对大理的风、花、雪、月四景感慨万千,赋留风花雪月诗一首:下关风,上关花,下关风吹上关花;苍山雪,洱海月,洱海月照苍山雪。

风:下关风,下关一年四季都有大风,有时风力达八级以上。

关于下关的风,还有一个美丽的传说。相传在苍山斜阳峰上住着一只白狐狸,她爱上了下关一位白族书生,于是化作人形和书生交往,他们相爱的事被洱海罗荃寺的法师罗荃发现了,他不容他们在一起,便施法将书生打入洱海。狐女为救书生,去南海求救于观音,观音给她六瓶风,让她用瓶中的风将洱海水吹干以救出书生。当狐女带着六瓶风回到下关天生桥时,遭到了罗荃法师的暗算,跌倒在地,打碎了五瓶风,于是大风全聚集在天生桥上,故下关风特别大。按科学的解释,是因为苍山十九峰太高,挡住了东西两面的空气对流,而苍山斜阳峰和哀劳山脉的者摩山之间的下关天生桥峡谷仅为下关空气对流的出口,所以下关的风特别大,尤其是在冬春

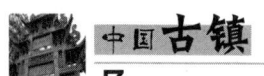

季节，行走在天生桥峡谷对着的街道上，大风吹的人站立不住。

花：上关花，上关位于大理苍山云弄峰之麓，是自唐代以来形成的拱卫大理的要塞。在关外花树村有棵名"十里香"的花树，传说为仙人吕洞宾所种，花大如莲，每年开12瓣，闰年开13瓣，花色黄白相间，美丽诱人。花后之果壳黑硬，可做朝珠，因而又叫朝珠花。到清代晚期，由于游观的人太多，特别是官府的达官贵人到此赏花，都要当地白族群众招待，人民忍受不了这种白吃负担，于是把上关花砍了。据考证，上关花就是木莲花，此花在大理境内到处都可以见到。

雪：苍山雪，苍山上的积雪为何千年不化，在大理民间流传着一个美丽的传说。相传在古代，有一批瘟神在大理坝子中横行霸道，使人民"十人得病九人亡"。有白族两兄妹为拯救受苦人民，在观音的指引下学法归来，将瘟神都撵到了苍山顶上，让大雪冻死。为了让瘟神永不复生，妹妹还变作雪神，永远镇住苍山上的瘟神，于是苍山雪人峰就有了千年不化的白雪。而实际上是因为苍山海拔太高，山顶气温低的缘故。

月：洱海月，每到农历八月十五日的中秋节晚上，居住在大理洱海边的白族人家都要将木船划到洱海中，欣赏相映在海中的金月亮，天光、云彩、月亮和海水相映在一起，形成一幅优美的图画。关于洱海月，流传最广的是天宫公主下凡的故事。传说天宫中有一位公主羡慕人间的美满幸福生活，下凡到洱海边上的一个渔村，与一渔民成婚。公主为了帮渔民们过上丰衣足食的生活，就把自己的宝镜沉入海底，把鱼群照得一清二楚，好让渔民们能打到更多的鱼。从此，宝镜就在海底变成了金月亮，放着光芒，照着世世代代的捕鱼人，于是成了"洱海月"，供人观赏。

第三节 重庆古镇

川东第一山水古镇——东溪镇

綦江县东溪镇位于四川盆地东南边缘、贵州大娄山脉北端、重庆市南部，与贵州省习水县接壤，是万盛石林、铜鼓滩漂流、南川金佛山、江津四面山等景区的重要中转地。唐高祖武德二年（619年）在此设丹溪县。东溪建镇1300多年，建场2200多年，其历史之悠久、环境之独特、民风之古朴、文化之丰富、技艺之精妙、布局之别致，凸显古镇风貌，素有"川东第一山水古镇"的美誉，是中国国家历史文化名镇、"重庆市十大名镇"之一。

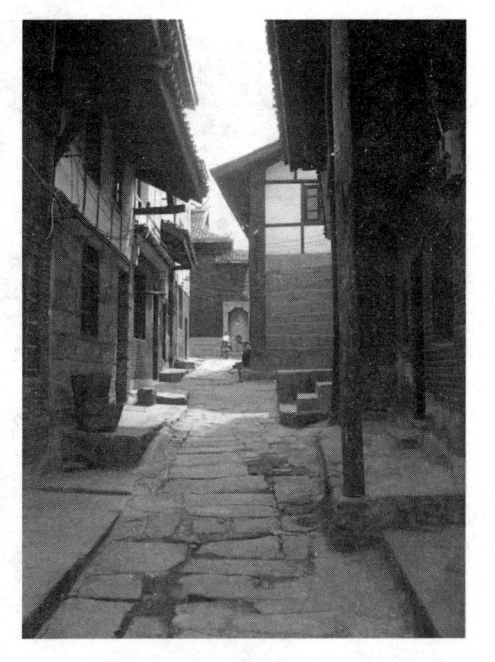

东溪镇老街

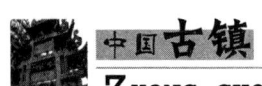

东溪镇历史源远流长，于公元前202年建场，名万寿场。唐高祖武德二年（619年）在此设丹溪县，唐太宗贞观十七年（644年）撤丹溪县为镇，宋、元、明、清为安里统治中心，属县行政公署所在地。古镇街道依岩靠水，因地就势而建，聚散错落有致，山回谷转，移步换形。

东溪有保存较为完好的古汉墓群、西南最古老的邮局——麻乡约民信局、"旌表节孝"牌坊等古迹，彰显古镇文化源远流长。

东溪是傣族的发源地，傣族的故乡。太平桥50米处耸立着四块"南平辽"碑，高2.4米，宽1.2米，就是历史的佐证。三国时，诸葛亮派马忠、关平南征，征服蛮夷，即傣族。现太平桥码头留有"关索桥"遗址。

东溪春秋战国时就属"夜郎古国"。"夜郎古国"臣民多系峒丁、侗蛮、

万天宫

峒僚。有山峒、水峒之分。山峒居屋除少数居洞穴外，大多居吊脚木楼，飞檐走阁，雕龙刻凤，颇具特色。东溪保存的传统吊脚木楼，七孔子崖汉墓群就是"夜郎古国"的见证和缩影。东溪现仍有山民能传唱夜郎山歌等。

南华宫、万天宫、龙华寺、观音阁、王爷庙等是佛教在东溪盛行的历史见证。

东溪自古以来是綦江境内第一大镇，民耕民俗文化多姿多彩，充分展示了东溪不同历史时代的民耕民俗文化。

成渝古驿道上的传奇——九龙坡区走马镇

走马镇位于重庆市主城区西部，西临璧山，南接江津，是重庆市首批市级试点小城镇和重庆市规划的十一个外围组团之一。

走马镇古驿道

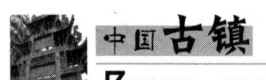

青石铺就的古驿道上,清晰的马蹄印随处可见。驿道旁,传统的木梁瓦房鳞次栉比。几人合抱的参天古树下,雕梁画栋的古老戏台旁,字迹斑驳的石碑牌坊边,端坐的老者宁静而安详,似乎仍在静待着那些背驮云南茶叶、巴蜀山货的马帮逶迤而行。

2005年,走马镇口传文学—民间故事被列入首批国家级非物质文化遗产保护名录;2008年12月,走马镇被命名为"国家级历史文化名镇";2009年,走马镇获批"中国曲艺之乡"和重庆市首个"故事创作基地",获评"重庆市十佳魅力小城镇";2010年9月,走马镇又被重庆市政府确定为市级中心镇。

在全国,同时拥有"国家级历史文化名镇""国家级非物质文化遗产""中国曲艺之乡"三块"国字号"招牌的街镇实属罕见。以此为契机,走马镇党委、政府提出了"古镇文化立体化、非物质文化遗产物质化、曲艺文化大众化"的文化兴镇思路。

整旧如旧、原汁原味的古镇风貌,是走马历史文化名镇魅力所在,是展示走马文化的平台和窗口。目前,走马镇已完成古镇改造及风貌设计,形成古镇修建性详规,恢复关武庙建筑群,修复古成渝驿道3公里。下一步,将逐步恢复文昌宫、南华宫、万寿宫等建筑群;打造刘家、邓家、孙家大院等院落群;恢复茶馆酒馆、剧院等临街商铺群;恢复古驿道,收集成渝古驿道上的历史遗存和典故,浓缩修建成渝古驿道三街四驿七十二塘口等景观,修建驿道博物馆,配套开发明清时期的商铺、民居,打造驿道文化区。

上下涞滩伴古寺——合川县涞滩镇

涞滩镇位于重庆市合川东北渠江西岸的鹫峰山上,始建于晚唐时期,兴盛于宋代,以晚唐石刻、宋代古镇、清代民居出名,遗存大量完整而又相对

第六章 西南古镇

涞滩古镇

集中的文物古迹。

　　涞滩由上涞滩和下涞滩组成。两滩相隔咫尺，形似兄妹，一高一低，一上一下，一刚一柔，互为照应。下涞滩在渠江边，紧靠渠江码头，是一条青石铺就的老街。老街两侧民居是风格古朴的木结构。上涞滩比下涞滩大很多，主要建筑和人口均集中在此。上涞滩坐落在雄视渠江的鹫峰山上，寨墙高筑，其势巍峨，如龙盘虎踞于山势之间。

　　上涞滩瓮城建于同治元年（1862年），整个瓮城呈半圆形，长约40米，半径约为30米，设有八道城门，是目前重庆地区唯一保存完好的军事防御性堡垒建筑。

　　涞滩古寨由于傍着渠江，旧时商贾云集，街市兴旺，兴于宋代的千年古刹二佛寺也香火不断，是盛极一时的风水宝地。二佛寺中现存全国最大的禅宗石刻摩岩造像群，保存完好的主要龛窟有42个，全部造像计1700余樽，

175

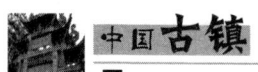

集中镌刻在二佛寺下殿的南、北、西三面崖石之上。二佛寺上殿位于鹫峰山顶，是一座呈四合院布局的院落，它占地面积5181平方米，十分宏伟壮观。由于历经磨难，寺内文物只有大雄宝殿内四根石柱还保存完好。

二佛寺

第四节 贵州古镇

黔中的"黄金通道"——平坝县天龙镇

　　天龙古镇位于贵州平坝西南面，距县城约13公里，北邻乐平乡，东连城关、白云两镇，西南与西秀区大西桥镇接壤。贵昆铁路、株六复线、贵黄公路、滇黔公路、清黄公路穿境而过，为西行的交通扼要，是黔中的"黄金通道"。镇境内资源丰富，有保存六百年的屯堡文化旅游资源和国家级风景名胜区天台山。有被建筑学家赞誉为"石头建筑绝唱"的天台山五龙寺、颇具大明遗风的屯堡文化等丰富的旅游资源。

　　天龙镇，是贵州民俗旅游胜地之一。天龙镇曾是明太祖朱元璋军队屯兵之地，至今仍保持古朴厚重的明代遗风古俗。明朝军队征服南方过后，为了统治南方，命令大军就地屯田驻扎下来，还从中原，湖广和两江地区把一些工匠、平民和罪犯等强行迁至今贵州安顺一带居住。随着历史的变

天龙屯堡

迁，这些人在亦兵亦民的过程中繁衍生息，既不断吸收当地的先进生产方式，也恪守各自世代相承的文化生活习俗，久而久之，就形成了现在我们称之为"屯堡文化"的这样一种独特的汉族文化现象，既执着地保留其先民们的文化个性，又在长期的耕战耕读生活中，创造了自己的地域文明。屯堡民居最大的特点是石头的广泛应用，一户民宅就是一座石头的城堡，一个村庄就是一座纯粹的石头城，屯堡是一个防御敌人的整体，而屯堡民居就是组成这个整体的每一个细胞，既可以各自为阵，又可以互相支援友邻，既保证一宅一户私密性和安全感，同时又维系各家之间必要的联系。

屯堡建筑把石头工艺发挥到极致，从高向下放眼望去，白白的一片，错落有致。走进屯堡村寨，所看到的是石头的瓦盖，石头的房，石头的街道，石头的墙，石头的碾子，石头的磨，石头的碓窝，石头的缸。屯堡民居就是一个石头世界。

这里的天龙地戏演绎的是 600 年前杨家将、穆桂英等故事。戏剧粗犷、独特，耐人寻味，被世人和专业人士称为"戏剧活化石"。演员头戴木雕傩戏脸壳，面遮黑纱，身穿长衫，肩插令旗，手持刀棍，或群舞或单搏，透露出英勇顽强与善战克敌的精神。

地球红飘带上的明珠——习水县土城镇

土城，位于习水县西部，坐落在黔北川南接合部，是赤水河中游最大的场镇之一，西与四川古蔺为界，北接赤水市。赤水河奔腾不息，习（水）赤（水）公路贯穿东西，土（城）太（四川太平渡）公路与之交汇于此。水陆交通便利，到县城29公里，赤水70公里，距遵义268公里，重庆282公里。

土城原名滋州，赤水河自土城以下皆通船只，是川盐和川货入黔的主要集散地，也是川黔交通的枢纽和咽喉。自古以来，土城一带舟楫繁忙，商贾云集，气候条件优越，附近多肥田沃土，物产丰富，有"山明水秀，地坦人

第六章 西南古镇

土城古镇

稠"的美称。

土城历史悠久，文风淳朴，古迹甚多，文化遗产丰富。7000多年前就有人类繁衍生息，考古发现了大量石网坠等新石器。汉武帝元鼎六年（前111年）在此置平夷县，唐高宗仪凤二年（672年）置浙州，北宋大观三年（1109年）置滋州，领承流、仁怀二县。元末明初，街民改建房屋时发现大量土城墙，故名"土城"。清代设土城里，民国三年（1914年）改设为区，属赤水县。1950年更名为土城镇，1965年划习水县辖。

土城是"地球红飘带上的明珠"。1935年，中国工农红军长征四渡赤水，土城是一渡赤水的主要渡口，并在青杠坡与国民党川军展开激战，取得了战略转移的伟大胜利，留下了大量的革命遗址和革命文物。

土城风光秀美，与赤水国家级旅游区、川南黄荆老林森林公园相邻的小坝景区，是习水国家级森林公园的重要组成部分，原始古朴，丹霞碧海，银瀑飞悬，"幽、奇、险、朴"，是一块尚未琢磨的美玉。

土城古镇"滨播（州）枕永（川），襟合（江）带泸（州）"，自古即为

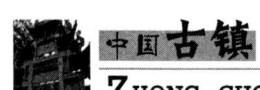

兵家必争之地，明代建有九龙囤、金子囤等四大军事囤堡，现遗迹尚存。

古镇历史上长期是赤水河中游的政治、经济、文化中心。在悠久的发展历史中，逐步形成了商埠文化、茶馆文化、山水文化为主体的多元文化形态，留下了类型多样的文化遗存。

远眺古镇：东、西、南三面临水，北面靠山，"镇依山而建，水绕镇而流"。以自然山水环境为基础，沿赤水河呈二级台地分布，形成三维立体空间结构，山—水—城交相辉映，相生相息，构成了古镇特色鲜明的山城风貌，体现了山地居民与自然环境互为依存的"天人合一"、和谐自然的生活情趣。

古镇群体建筑有两种布局方式：一种是位于山脊时，总体布局向外凸弯曲，具有离心发散的感觉，视野开阔，利于自然通风；另一种是位于山坳时，是呈内凹弯曲，具有向心、内聚感和安全感。

走进古镇，街巷多为石板铺砌，依河道婉蜒曲折，随地形高低起伏。

古镇传统建筑依山就势，自然地形成层楼叠宇的群体风貌，其造型轮廓高低错落，纵向空间丰富，天际轮廓优美，是一幅"高低俯仰皆成画，前后顾盼景自移"的美妙画卷。房屋建筑的材料取自天然竹、木、土、石，房屋的勒脚、基础、堡坎广泛地利用条石、块石、片石砌筑，墙身广泛采用"穿斗夹壁墙"，屋顶则采用小青瓦铺盖，使得传统建筑物与自然环境有机地融为一体。

知识链接

西藏自治区日喀则市萨迦镇

萨迦镇位于萨迦县城西部的仲曲河上游，系萨迦县驻地，距日喀则150

公里。

  萨迦镇内的萨加寺乃萨迦派祖寺，曾是西藏政治、军事、文化的中心，被誉为"第二敦煌"。萨迦寺曾为西藏地方政权所在地，寺内保存的历史文物十分众多，其珍贵者有元代中央政权给萨迦地方官员的印玺、冠戴、服饰，以及宋、元以来的佛像、法器、瓷器等。萨迦寺的藏书浩繁惊人，不仅有罕见的用金粉、朱砂抄录甘珠尔和贝叶经，还有上万卷有关天文、地理、历算、医药、文学、历史等方面的藏文典籍。

  这里出现过萨迦班智达·贡噶坚赞、八思巴等诸多叱咤风云的人物，他们对祖国的统一，做出过不可磨灭的贡献，在中国历史及藏传佛教史上都具有重要的地位。

图片授权
全景网
壹图网
中华图片库
林静文化摄影部

敬　启

  本书图片的编选，参阅了一些网站和公共图库。由于联系上的困难，我们与部分入选图片的作者未能取得联系，谨致深深的歉意。敬请图片原作者见到本书后，及时与我们联系，以便我们按国家有关规定支付稿酬并赠送样书。

联系邮箱：932389463@qq.com

参考书目

1. 沈雍方，沈梦翔．《西溪古镇古村落》［M］．杭州：杭州出版社，2012.

2. 《小长假大旅行》编辑部．《中国古镇游》［M］．北京：中国铁道出版社，2012.

3. 郑永安．《最具魅力的名城古镇》［M］．长春：东北师范大学出版社，2012.

4. 张会林，张明．《青龙古镇：晋阳文化皇冠上的一颗明珠》［M］．太原：山西人民出版社，2011.

5. 《图行世界》编辑部．《中国最美100个古镇古村》［M］．北京：中国旅游出版社，2011.

6. 《中国古镇古村游》编写组．《中国古镇古村游》［M］．北京：中国旅游出版社，2010.

7. 赵莲．《中华古镇》［M］．北京：农村读物出版社，2010.

8. 《中国经典游》编辑部．《中国最美的100个古镇》［M］．南京：广西师范大学出版社，2010.

9. 阮仪三，费玉英等．《江南水乡古镇》［M］．上海：上海人民美术出版社，2009.

10. 《万象文画》编写组．《中国最有魅力101个名城古镇》［M］．呼和浩特：内蒙古人民出版社，2009.

11. 罗德胤.《廿八都古镇》[M].上海：上海三联书店，2009.

12. 江乐兴.《不可不知的 100 座古镇古城》[M].北京：化学工业出版社，2009.

13. 王华飞.《古镇春秋》[M].杭州：西泠印社出版社有限公司，2008.

14. 李兆群.《行走中国品读水之韵：江南古镇》[M].上海：上海画报出版社，2007.

15. 何智亚.《重庆古镇》[M].重庆：重庆出版社，2004.

16. 秦俭.《古镇川行》[M].北京：中国旅游出版社，2004. 16. 秦俭. 古镇川行. 北京：中国旅游出版社，2004.

中国传统风俗文化丛书

一、古代人物系列（9本）
　　1. 中国古代乞丐
　　2. 中国古代道士
　　3. 中国古代名帝
　　4. 中国古代名将
　　5. 中国古代名相
　　6. 中国古代文人
　　7. 中国古代高僧
　　8. 中国古代太监
　　9. 中国古代侠士

二、古代民俗系列（8本）
　　1. 中国古代民俗
　　2. 中国古代玩具
　　3. 中国古代服饰
　　4. 中国古代丧葬
　　5. 中国古代节日
　　6. 中国古代面具
　　7. 中国古代祭祀
　　8. 中国古代剪纸

三、古代收藏系列（16本）
　　1. 中国古代金银器
　　2. 中国古代漆器
　　3. 中国古代藏书
　　4. 中国古代石雕
　　5. 中国古代雕刻
　　6. 中国古代书法
　　7. 中国古代木雕
　　8. 中国古代玉器
　　9. 中国古代青铜器
　　10. 中国古代瓷器
　　11. 中国古代钱币
　　12. 中国古代酒具
　　13. 中国古代家具
　　14. 中国古代陶器
　　15. 中国古代年画
　　16. 中国古代砖雕

四、古代建筑系列（12本）
　　1. 中国古代建筑
　　2. 中国古代城墙
　　3. 中国古代陵墓
　　4. 中国古代砖瓦
　　5. 中国古代桥梁
　　6. 中国古塔
　　7. 中国古镇
　　8. 中国古代楼阁
　　9. 中国古都
　　10. 中国古代长城
　　11. 中国古代宫殿
　　12. 中国古代寺庙

五、古代科学技术系列（14本）

1. 中国古代科技
2. 中国古代农业
3. 中国古代水利
4. 中国古代医学
5. 中国古代版画
6. 中国古代养殖
7. 中国古代船舶
8. 中国古代兵器
9. 中国古代纺织与印染
10. 中国古代农具
11. 中国古代园艺
12. 中国古代天文历法
13. 中国古代印刷
14. 中国古代地理

六、古代政治经济制度系列（13本）

1. 中国古代经济
2. 中国古代科举
3. 中国古代邮驿
4. 中国古代赋税
5. 中国古代关隘
6. 中国古代交通
7. 中国古代商号
8. 中国古代官制
9. 中国古代航海
10. 中国古代贸易
11. 中国古代军队
12. 中国古代法律
13. 中国古代战争

七、古代文化系列（17本）

1. 中国古代婚姻
2. 中国古代武术
3. 中国古代城市
4. 中国古代教育
5. 中国古代家训
6. 中国古代书院
7. 中国古代典籍
8. 中国古代石窟
9. 中国古代战场
10. 中国古代礼仪
11. 中国古村落
12. 中国古代体育
13. 中国古代姓氏
14. 中国古代文房四宝
15. 中国古代饮食
16. 中国古代娱乐
17. 中国古代兵书

八、古代艺术系列（11本）

1. 中国古代艺术
2. 中国古代戏曲
3. 中国古代绘画
4. 中国古代音乐
5. 中国古代文学
6. 中国古代乐器
7. 中国古代刺绣
8. 中国古代碑刻
9. 中国古代舞蹈
10. 中国古代篆刻
11. 中国古代杂技